Muster

T0326756

**Kontext Architektur – Grundbegriffe zwischen Kunst, Wissenschaft und Technologie**

Die Digitalisierung hat den Diskurs der Architektur verändert: Dieser wird mittlerweile von einer Fülle neuer Begriffe bestimmt, die bislang entweder keine oder andere Bedeutungen im Kontext der Architekturtheorie und des architektonischen Entwurfs belegten. Seine Begrifflichkeiten und Strategien werden zunehmend durch Einflüsse geprägt, die an der Schnittstelle zu wissenschaftlichen und kulturellen Vorstellungen der modernen Informationstechnologie entstehen. Vor diesem Hintergrund stellt sich die Frage: Mit welchen praktischen und vor allem auch theoretischen Konzepten kann sich die Architektur mit diesen neuen Technologien auseinandersetzen und in einen fruchtbaren, aber ebenso kritischen Dialog treten? *Kontext Architektur* stellt eine Auswahl jener Begriffe zur Debatte, die im aktuellen Diskurs eine zentrale Rolle spielen. *Kontext Architektur* ist eine Kooperation der Zürcher Hochschule der Künste ZHdK und der Professur Hovestadt für Computer-Aided Architectural Design, ETH Zürich.

In der Reihe Kontext Architektur sind bisher erschienen:

**Simulation** Präsentationstechnik und Erkenntnisinstrument
ISBN 978-3-7643-8685-6

**Komplexität** Entwurfsstrategie und Weltbild
ISBN 978-3-7643-8687-0

**Muster** Ornament, Struktur und Verhalten
ISBN 978-3-7643-8953-6

Kontext Architektur
Eine Zusammenarbeit der ZHdK und der ETH Zürich

**Z** — hdk
—
Zürcher Hochschule der Künste
Zurich University of the Arts

**CAAD** Professur Hovestadt
ETH Zürich

# Muster

Ornament, Struktur und Verhalten

KONTEXT ARCHITEKTUR

**Herausgegeben von Andrea Gleiniger und Georg Vrachliotis**

**Birkhäuser**
**Basel · Boston · Berlin**

Umschlag- und Layoutkonzept: Bringolf Irion Vögeli GmbH, Zürich
Redaktion: Véronique Hilfiker Durand, Basel
Reproduktion und Satz: weissRaum visuelle Gestaltung, Basel

Dieses Buch ist auch in englischer Sprache erschienen: *Pattern. Ornament, Structure, and Behavior*,
ISBN 978-3-7643-8954-3.

Bibliografische Information der Deutschen Nationalbibliothek
Die Deutsche Nationalbibliothek verzeichnet diese Publikation in der Deutschen Nationalbibliografie; detaillierte bibliografische Daten sind im Internet über http://dnb.d-nb.de abrufbar.

© 2009 Birkhäuser Verlag AG
Basel · Boston · Berlin
P.O. Box 133, CH-4010 Basel, Schweiz
Ein Unternehmen der Fachverlagsgruppe Springer Science+Business Media

Gedruckt auf säurefreiem Papier, hergestellt aus chlorfrei gebleichtem Zellstoff ∞

Printed in Germany

ISBN: 978-3-7643-8953-6

9 8 7 6 5 4 3 2 1                                www.birkhauser.ch

## EDITORIAL

«Ebenso wenig darf man ein bloßes Muster schon ornamental nennen, nur weil es repetitiv angelegt ist. Zum Ornament gehört zweifellos der Stilisierungswille, der ein Muster zur selbstständigen Kunstform erhebt, während es als Muster nur eine dem Gegenstand dienende Form ist. Das Ornament macht sich, auch wo es mit dem Gegenstand verschmilzt [...] immer autonom. Darin ist es von der Struktur, die einfach der Gegenstand in seinem Sosein ist, unterschieden.»[1] In seiner 1972 erschienenen kunsttheoretischen Essaysammlung *Vom Kunstwerk zur Ware* widmet sich der Philosoph Hans Heinz Holz mit auffallender Ausführlichkeit auch dem Thema *Ornament*. Er tut dies im Vorlauf einer Entwicklung, die sich in den 70er Jahren in einem neuerlich aufflammenden kritischen Diskurs um Sinn und Zweck des Ornaments und den Folgen der modernen Ornamentkritik manifestieren wird. Gleichzeitig begann der Begriff des Musters, der bis dahin vor allem im Sinne statischer Ordnungssysteme und normierender Disziplinierungsmaßnahmen definiert worden war, im Lichte von Kybernetik und Systemtheorie eine neue Komplexität und Dynamik zu gewinnen.

Holz verdanken wir eine stichhaltige Unterscheidung zwischen Muster und Ornament, die auch heute noch taugen mag[2], wenn wir uns aktuell in einer facettenreich schillernden Debatte wiederfinden, in der einerseits das Pathos eines neuen Ornaments beschworen und andererseits ein neues technologisches Möglichkeitsdenken ungeahnte Spielräume für Entwurf und Gestaltung zu eröffnen scheint, das sich an einen dynamisch gewordenen Muster-Begriff knüpft.

Unzählige Veröffentlichungen und die parallel dazu geführten Debatten der letzten Zeit machen deutlich: Das Ornament hat Konjunktur. Damit wird an jene uns so vertraute Tradition einer Ornamentkritik angeknüpft, die das gesamte 20. Jahrhundert so nachhaltig geprägt hatte. Zwar hat sich das durch Adolf Loos vor fast genau 100 Jahren ausgesprochene und schließlich zur Jahrhundertformel geronnene Verdikt des Ornamentes, «Ornament ist vergeudete Arbeitskraft und dadurch vergeudete Gesundheit»[3] nicht als ganz so traumatisch und radikal erwiesen wie von den einen erhofft und den anderen gefürchtet.

---

1   Hans Heinz Holz: «Die Repristination des Ornaments», in ders.: *Vom Kunstwerk zur Ware,* Neuwied und Berlin 1972, S. 140–166, hier: S. 159/160.
2   Besonders hinzuweisen ist auf den Zusammenhang, den Holz zwischen Ornament, Muster und Struktur herstellt.
3   Adolf Loos: *Ornament und Verbrechen,* 1908.

Gleichzeitig jedoch gilt nach wie vor, dass die Verdammung des Ornaments als eines wider die Logik des Industriezeitalters gerichteten «Verbrechens» nicht nur seine aus dem Kontext der Zeit nachvollziehbare Berechtigung hatte. Sie wurde auch zu einem wesentlichen Paradigma der Selbstbestimmungen der Modernen Architektur.

In diesem Zusammenhang verweist die jüngst von dem Philosophen Wolfgang Fritz Haug als Titel eines Aufsatzes formulierte Frage «Ist die Ornamentkritik in der Architektur noch aktuell?»[4] sowohl auf die Entwicklungsgeschichte der Ornamentdebatte, hinterfragt jedoch diese auch gleichzeitig. Haug lässt die Frage unbeantwortet. Was jedoch zählt, ist sein Impuls, sich die Freiheit zu nehmen, nicht nur erneut den Gegenstand einer schon laufenden Debatte zu thematisieren, sondern darüber hinaus diese Debatte selbst zum Gegenstand der Reflexion zu machen.

«Digitales Ornament», «Neues Ornament», «Ornament im digitalen Zeitalter» – das Reden und Schreiben darüber ist allgegenwärtig und der Anspruch groß, auf diesem Weg auch etwas über die Dynamiken aktueller Informationstechnologien zu erfahren. Dabei wird nicht nur eine beträchtliche Verunsicherung im Umgang mit den etablierten Lesarten von Ornament und Muster erkennbar, sondern auch das Bedürfnis, dem einen wie dem anderen (wieder) eine begriffliche Schärfe verleihen zu wollen. So löblich die Ambition einer Begriffsschärfung auch ist, so begrenzt sind oftmals die dafür gewählten Mittel. Zugespitzt gefragt: Wie kann man in einem Atemzug von der globalen Dimension eines «digitalen Zeitalters» und den damit einhergehenden tiefenstrukturellen Veränderungen sprechen, dann aber die mit den Werkzeugen dieser Zeit entworfene und produzierte Architektur dadurch zu ergründen hoffen, dass man dies erstens über einen etablierten Ornamentbegriff zu erreichen versucht und zweitens mit Begriffserweiterungen hantiert, die sich lediglich auf den Grad des *Neuen* oder die Technik des *Digitalen* beschränken?

Es ist daher nicht müßig, erneut zu fragen: Was sind Muster? Was sind *Patterns*? Für unseren Zusammenhang kristallisieren sich zunächst zwei Lesarten dieser grundlegenden Fragestellungen heraus. Erstens: Der Begriff des Musters kann nicht länger als Kategorie des Ornaments diskutiert werden. Sondern

---

4　Wolfgang Fritz Haug: «Ist die Ornamentkritik in der Architektur noch aktuell?», in: *Arch+*, Nr. 189 (Entwurfsmuster. Raster, Typus, Pattern, Script, Algorithmus, Ornament), Oktober 2008, S. 109–111.

umgekehrt: Das Ornament wird aus einer neuen Vorstellung von Muster und Musterbildung abgeleitet. Und zweitens: Der Begriff *Pattern,* in seiner Funktion als computerwissenschaftliche Erweiterung der von Christopher Alexander entwickelten «Entwurfsmuster», liefert einen vielversprechenden Ausgangspunkt für die Reflexion der zunehmend auf digitalisierten und auf generativen Systemen basierenden Architekturproduktion. Doch wenn wir den von Alexander in den 1960er Jahren geprägten Musterbegriff und den daraufhin in der Informatik adaptierten und radikalisierten Begriff *Pattern* diskutieren, dürfen wir die für die Architektur essenzielle Frage nach Sinn und Bedeutung nicht aus den Augen verlieren. Es geht mit anderen Worten um die Frage: Inwieweit schaffen es die *Patterns* aus der Informatik, nicht nur komplexe Probleme auf der Ebene von Software zu lösen, sondern auch architektonische Bedeutung zu generieren? In der Diskussion um das «Ornament im digitalen Zeitalter» werden durch diese Fragestellungen diskursive Ausblicke geschaffen, angesichts derer es für die Architektur(theorie) unausweichlich scheint, den Blick auch über die begrifflichen Begrenzungen bereits etablierter Diskursräume hinaus zu wagen – auch wenn die begrifflichen Konturen dieser Ausblicke sind noch unscharf, ihre Umrisse schemenhaft.

Der vorliegende dritte Band der Reihe *Kontext Architektur* hat sich deshalb zur Aufgabe gemacht, sich entlang dieser diskursiven Blickachsen zu bewegen, ihre Umrisse zu skizzieren und für die Architektur mögliche Schwerpunkte einer sich im Lichte der Informationstechnologien neu formierenden Debatte hervorzuheben. Oszillierend zwischen Abstraktion und Anschauung, spielt der Begriff des Musters in einer Fülle von unterschiedlichen Disziplinen eine wesentliche Rolle. Es geht dabei jedoch nicht um das Definieren neuer Begriffsgrenzen, sondern um das Schärfen und zugleich Eröffnen zukünftiger Diskursräume. Wir haben versucht, über den in diesem Zusammenhang grundlegenden Dialog zwischen Informatik und Architektur hinaus auch jene Disziplinen in den Vordergrund zu stellen, die sich in besonderer Weise auf einen Dialog mit der Architektur einlassen, wie dies etwa in der Kognitionswissenschaft der Fall ist.

*Christoph Hölscher* beschreibt in seinem Beitrag, wie dieser Dialog aussehen könnte. Anhand der einfachen Frage «Wie orientiert man sich im architektonischen Raum?» wird nicht nur veranschaulicht, wie räumliche Verhaltensmuster experimentell identifiziert werden können, sondern auch, wie sich diese empirisch ermittelten Ergebnisse mit Hilfe von Multi-Agenten-Systemen wieder in die Planung von Architektur integrieren lassen könnten.

Der Schritt von der Kognitions- zur Neurowissenschaft wird häufig voreilig und ohne ausreichend kritische Reflexion getan. Dabei wird oftmals vergessen, in welchen hoch abstrakten und filigranen Mikrokosmos man sich begibt, wenn man das Feld der Neurowissenschaften betritt. Versuche, nach einer Korrelation von neurobiologischen Mustern im Hirn und den dazu scheinbar passenden architektonischen Wahrnehmungen zu suchen, können daher nicht den Anspruch haben, Bestandteil ernsthafter architekturtheoretischer oder kulturphilosophischer Diskussionen zu werden.

Dennoch haben wir uns dafür entschieden, einen Beitrag zu neurobiologischen Mustern in den Kontext zu stellen. Angesichts des Messbarkeitswahns, der sich im Lichte der Faszination an neurowissenschaftlichen Forschungsmethoden und Erkenntnissen noch immer beobachten lässt, ging es uns jedoch nicht darum, eine Tauglichkeit für den architektonischen Entwurf zu postulieren. Wenn wir den Neurowissenschaftler *Markus Christen* zu einem Beitrag eingeladen haben, dann geht es uns vor allem um einen differenzierten Umgang mit dem Begriff des *Musters* und seiner facettenreichen Komplexität.

Dabei beziehen wir nicht nur die Naturwissenschaften ein, sondern auch jene künstlerische Disziplin, die seit jeher auf das Engste mit der Architektur in Verbindung gebracht wird: die Musik. Aus der künstlerischen Perspektive der Komponistin lesen wir die Beobachtungen, die *Isabel Mundry* sowohl an eigenen als auch an anderen zeitgenössischen Kompositionen im Hinblick auf die Auseinandersetzung mit dem Thema von Musterbildungen in der zeitgenössischen Musik macht. Im Dialog mit dem Titel einer Komposition von Morton Feldman geht sie dabei der Frage nach: «Why Patterns?» Indem die Komponistin das Thema der Musterbildung wesentlich am Parameter *Zeit* festmacht, der in der Musik ein architektonischer Faktor ist, schlägt sie eine Brücke zur Architektur.

Als Christopher Alexander Ende der 1960er Jahre damit begann, an seiner mittlerweile epochalen *Pattern Language* zu arbeiten, galten seine darin dargelegten Ansichten als formalistisch und exotisch. Dies änderte sich bekanntlich, als der von ihm geprägte Begriff des *Entwurfsmusters* knapp ein Jahrzehnt später in die Informatik aufgenommen wurde und dort zum Konzept der *Design Patterns* wurde, während es in der Architektur als überholt und gescheitert galt. Heute, das heißt dreißig Jahre nach der Veröffentlichung von *Pattern Language,* finden Alexanders Entwurfsmuster nach ihrem erfolgreichen Ausflug in die Informatik scheinbar wieder in ihre Ausgangsdomäne der Architektur zurück – allerdings auf einer völlig anderen Betrachtungsebene. *Fabian Scheurer* zeichnet den Weg dieser Rückführung anhand von Beispielen aktueller Projekte nach. Und er stellt die Frage, ob Entwicklungen aus der Informatik hilfreich sind, um neue Ideen für den Prozess des Entwerfens und Bauens von Architektur zu entwickeln. Dass in diesem Zusammenhang vom Bild eines «Algorithmen entwerfenden Architekten» die Rede ist, beweist, dass es sich bei dieser Frage auch um den Impuls handelt, den Begriff des Entwerfens und das damit verknüpfte architektonische Selbstverständnis (erneut) zu hinterfragen.

Wirft man einen Blick auf den historischen Kontext von Alexanders *Pattern Language,* so wird deutlich, dass Alexander einen ganz ähnlichen Impuls bereits in den 1960er Jahren zu geben versucht hatte. Bemerkenswert ist, dass in der Diskussion um seine Entwurfsmuster häufig kaum erwähnt wird, dass Alexander einer der ersten Architekten war, die für architektonische Fragestellungen eigene Computerprogramme schrieben, und dies zu einer Zeit, in welcher der Computer für die Architektur noch als Zukunftsinstrument galt und sich die kulturellen Vorstellungen von ihm zwischen dem Bild einer Zeichenmaschine und den Fantasien eines Elektronengehirns bewegten. Berücksichtigt man, wie es *Georg Vrachliotis* in seinem Beitrag tut, nicht nur die Entwurfsmuster und ihre Entstehungsgeschichte, sondern auch Alexanders frühe Untersuchungen zur Rolle des Computers in der Architektur, so erscheinen auch Aspekte der aktuellen Ornament- und Musterdiskussionen in einem neuen Licht.

So wird auch der aktuelle Umgang mit den Proklamationen eines «neuen» Ornaments zum Ausgangspunkt des Beitrages von *Andrea Gleiniger.* Aus der architekturgeschichtlichen Kontextualisierung heraus geht es dabei nicht nur um die Frage, wie sich die aktuelle Debatte zu den vorangegangenen Wechselfällen einer Auseinandersetzung verhält, die das gesamte 20. Jahrhundert so nachhaltig beschäftigt hat. Es geht auch um die Frage nach den kulturellen Grundlagen, auf denen sich ein neues Ornamentverständnis konstituieren kann. Denn wenn das im Lichte der Loos-Reflexion formulierte Diktum Adornos gilt, dass «Kritik des Ornaments [...] soviel [ist] wie Kritik an dem, was seinen funktionalen und symbolischen Sinn verloren hat»[5], dann sollte auch das umgekehrte gelten: dass Ornament nur da Gültigkeit beanspruchen kann, wo es einen nicht

---

5  Theodor W. Adorno: «Funktionalismus heute», Vortrag auf der Tagung des Deutschen Werkbundes, Berlin, 23. Oktober 1965; publiziert in: *Neue Rundschau,* 77. Jahrgang, 4. Heft, 1966., Zitiert nach: Theodor W. Adorno, *Gesammelte Schriften,* hrsg. v. Rolf Tiedemann unter Mitwirkung von Gretel Adorno, Susan Buck-Morss und Klaus Schultz, Band 10.1, *Kulturkritik und Gesellschaft I,* Frankfurt (1977) 2003, S. 375–395, S. 376.

nur funktionalen, sondern auch inhaltlichen Begründungszusammenhang, einen symbolischen Sinn zurückgewonnen hat. Dieser symbolische Sinn ist Erklärungsnotstand und Interpretationsspielraum gleichermaßen: Im Lichte einer nach den Erfahrungen des 20. Jahrhunderts gesellschaftskritisch ausgerichteten Ornament-Lektüre wird man daher kaum umhin kommen, nach diesen gesellschaftlichen Bezüglichkeiten zu suchen. Und dies vielleicht am ehesten so, wie es Robert Venturi und Denise Scott-Brown immer wieder angeregt haben: Ihre damals aus dem Alltäglichen und der Pop-Kultur schöpfende Kritik war – bei aller augenzwinkernden Ironie, die ihrem Vorgehen anhaftete – eine im Kern ernst gemeinte und ernst zu nehmende Strategie, bei der es ihnen nie um bloße Dekoration, sondern immer auch um kulturelle Referenz ging.

Den Autorinnen und Autoren sei für ihre fundierten und speziell für dieses Buch verfassten Beiträge gedankt! Doch auch dieser Band der Reihe *Kontext Architektur* konnte nur auf Grund der ideellen wie auch materiellen Unterstützung realisiert werden, die wir seitens der Zürcher Hochschule der Künste und ihres Gründungsrektors Hans-Peter Schwarz auf der einen und der Professur für Computer-Aided Architectural Design (CAAD) an der ETH Zürich, vertreten durch Ludger Hovestadt, auf der anderen Seite erfahren haben. Wir danken beiden auf das Herzlichste. Dass die Realisierung eines solchen Projektes ohne die Unterstützung eines fach- und sachkundigen Lektorates nicht denkbar ist, versteht sich von selbst: Véronique Hilfiker Durand und Robert Steiger haben diese Aufgabe in ebenso kompetenter wie engagierter Weise wahrgenommen. Ihnen und dem Birkhäuser Verlag gilt ebenfalls unser Dank.

Wir freuen uns daher, dass wir diese fruchtbare Kooperation, die einiges aussagt über die Potenziale eines Dialoges zwischen Architektur, Kunst, Wissenschaft und Technologie, aber auch über den transdisziplinären Willen zweier Institutionen, mit einem weiteren Band der Reihe *Kontext Architektur* zum Begriff «Code» werden fortsetzen können.

Andrea Gleiniger, Georg Vrachliotis

Andrea Gleiniger
## NEUE PATTERNS? ALTE MUSTER? – VOM PATHOS DES ORNAMENTS

Die allgegenwärtige Durchdringung der Produktions- und Lebensverhältnisse mit dem Konzept der Musterbildungen hatte zu Beginn des 20. Jahrhunderts das Ornament grundsätzlich in Frage gestellt. Um die Mitte des Jahrhunderts ließ wiederum die selbstreferentielle Verselbständigung des Musterdenkens den Ruf nach Ornament als sinnstiftende Metapher erneut laut werden. Eine nicht zuletzt von der *Kritischen Theorie* angeregte Architekturkritik[1] richtete sich dabei nicht mehr vornehmlich gegen eine gesellschaftliche Wirklichkeit, in der all das, was sich ehemals im Ornament ausdrückte, seinen «symbolischen und funktionalen Sinn»[2] verloren hatte, weil die maschinellen beziehungsweise die industriellen Produktionsweisen den ursprünglichen Zusammenhang zwischen Handwerk und Ornament hatten obsolet werden lassen. Im Gegenteil: Das vom Paradigma der modernen Gestaltung in die Abstraktion von Material und Farbe, von Struktur, «Textur und Faktur»[3] so erfolgreich «verdrängte» Ornament wird nun zum Inbegriff jenes Sinnverlustes, der angesichts der architektonischen und städtebaulichen Fehlentwicklungen der Nachkriegszeit diagnostiziert wurde – jener Entwicklungen, die das *Ornament* so vehement verneinten, um dafür gleichzeitig einem rationalen Musterbegriff umso mehr zu huldigen: ein Musterbegriff, der sich in essenzieller Weise mit den technokratischen Vereinfachungs- und Vereinheitlichungsstrategien der industriellen (Architektur-)Produktion verbunden hatte und *Muster* in erster Linie im Sinne von Standard, Typ und Norm definierte. Dieser Muster-begriff war zur Grundlage all jener Ideen vom Seriellen geworden, die nicht nur die Systematisierung und Rationalisierung der Produktionsprozesse, sondern auch die Analyse menschlicher Verhaltensweisen erfasst hatten.

Während einerseits das «Projekt der Moderne» in vielerlei Hinsicht zur Disposition gestellt wurde, werden andererseits mit dem Ende der Epoche der

---

1  Erwähnt sei in diesem Zusammenhang: Heide Berndt, Alfred Lorenzer, Klaus Horn: *Architektur als Ideologie,* Frankfurt (1968) 1979.
2  Theodor W. Adorno: «Funktionalismus heute», Vortrag auf der Tagung des Deutschen Werkbundes, Berlin, 23. Oktober 1965; publiziert in: *Neue Rundschau,* 77. Jahrgang, 4. Heft, 1966. Zitiert nach: Theodor W. Adorno, *Gesammelte Schriften,* hrsg. v. Rolf Tiedemann unter Mitwirkung von Gretel Adorno, Susan Buck-Morss und Klaus Schultz, Band 10.1, *Kulturkritik und Gesellschaft I,* Frankfurt (1977) 2003, S. 375–395, S. 376.
3  Vergleiche hierzu László Moholy-Nagy: *von material zu architektur,* hrsg. v. Hans M.Wingler. Faksimile der Ausgabe von 1929, Mainz 1968, S. 33 ff.

Kybernetik die groß angelegten, vor allem städtebaulichen Visionen der architektonischen Systemtheoretiker, mit denen die Komplexität der Lebens- und Funktionszusammenhänge in ebenso monotone wie monokulturelle Muster gezwungen werden sollten, einer massiven Kritik unterzogen. Das Ornament als ästhetisches, sinnlich erfahrbares *Möglichkeitsdenken* war dem *Wirklichkeitssinn* des Musters zum Opfer gefallen. Es hatte sich in den Idealisierungen jener Geometrisierung verflüchtigt, die nun scharf «als Rückfall in ein ontologisches Bewusstsein»[4] kritisiert wurden, während sich gleichzeitig in den Beschaulichkeits-Konfigurationen eines «gelebten Raumes» das ehemals von Siegfried Kracauer diagnostizierte «Ornament der Masse» (1927) in den neuen nachbarschaftlichen Versuchsanordnungen zu einer «offenen Gesellschaft» (Karl Popper) zu arrangieren versuchte.

In einer der Architektur immanenten Thematisierung der Funktionen von Ornament wurde der Frage nach symbolischen und sinnstiftenden Bedeutungsqualitäten, die über eine genuin architektonische Selbstreflexion hinausgingen, ausgewichen. So lange zumindest, bis sich die Semiotik und schließlich auch die sich, unter anderem, auf die Herausforderungen der Frage nach dem Ornament beziehenden Antworten der Postmoderne neue Spielräume eroberten und kritische, ironische und spielerische Positionen provozierten.

Somit schlossen sich der Begriff des *Musters* als rationales und der des *Ornaments* als sinnliches und sinnstiftendes Phänomen jeweils gegenseitig aus. Doch mit den Möglichkeiten der gegenwärtigen Digitalisierung scheint sich dies zu ändern: Die Muster sind in Bewegung geraten. Das Ornament erlebt eine Renaissance. Das Ornament wird nun als eine Art emergentes Phänomen, als Überschuss der algorithmischen Musterproduktion postuliert, der aus dessen schier unendlich erscheinendem Möglichkeitsdenken erwächst. Als ästhetische Überformung des generativen, musterbasierten Entwurfsprozesses und seiner tektonischen Resultate wird es im Sinne jener «Bereicherung» benannt, die Christian Norberg-Schulz schon Mitte der 1960er Jahre in der Logik einer strukturalistischen Funktionalismus-Skepsis beschrieben hatte.[5] Doch ein derart aus dem Geist der Geometrie abgeleiteter Ornamentbegriff ordnet sich – wenn auch unter

4    Alfred Lorenzer, «Städtebau: Funktionalismus und Sozialmontage? Zur sozialpsychologischen Funktion der Architektur», in: wie Anm. 1, S. 53/54.
5    Christian Norberg-Schulz: «Architekturornament», in: *Ornament ohne Ornament?*, hrsg. v. Mark Buchmann, Ausstellungskatalog in 5 Broschüren, Zürich 1965, Broschüre Nr.5, S. 24–29.

den veränderten entwurfstechnologischen Vorzeichen nicht linearer Geometrien – ziemlich nahtlos in die Kontinuität jener vor allem ontologischen Idealisierung architekturimmanenter Vorgänge ein, die zum Kennzeichen der Moderne und ihrer jeweiligen Transzendierungsversuche geworden waren. Und dies auch und gerade dort, wo man sich einen «Zuwachs an Sein»[6] erhoffte, der über die algorithmischen Bedingungen eines Gemachtseins hinausweist. Doch wenn wir die Frage nach dem Ornament ernst nehmen, dann müssen wir sie nicht nur in Hinblick auf seine funktionalen, seine tektonischen, seine entwurfstechnologischen, sondern auch auf seine heute noch oder wieder möglichen Bedeutungen, seinen «symbolischen Sinn» (Adorno) diskutieren.

«Muster für Glas, Muster für Verputz, Muster für Aschenbecher, Muster für Beschläge, Muster für Lasur, alles wartet auf Entscheidung...»: In dieser trotz aller Unbill des Architektenalltags von verhaltener Genugtuung getragenen Aufzählung aus dem Jahre 1948 beschwört der Schweizer Architekt und Schriftsteller Max Frisch seufzend den täglichen Entscheidungsballast eines Architekten.[7] Frisch lässt aber auch die Elemente der äußeren Erscheinungen des Bauens als Materialprobe Revue passieren. Seine «Muster für...» bilden damit nicht nur eine beispielhafte Entscheidungsgrundlage im Hinblick auf die zukünftige Ausstattung eines Ortes, an die sich nicht zuletzt auch gewisse ästhetische Erwartungen knüpfen. Sie sind genauso etwas weit Prosaischeres: Sie sind *Warenmuster*. Nicht zuletzt auf die Bedeutungsfacette *Warenmuster* weist Ernst H. Gombrich im Vorwort zu *Ornament und Kunst* hin. Obwohl er darin feststellt, dass «...das Wort *Muster* [...] längst nicht mehr als gleichbedeutend mit *Ornament* empfunden [wird]»[8], lässt er es bei einem Hinweis auf den «schwankenden Sprachgebrauch» der (in den verschiedenen Sprachen) auf Ornament und Muster bezogenen Begrifflichkeiten bewenden: Nicht deren semantische Oszillationen sind es, die

6  Zum Beispiel bei Jörg Gleiter in Bezug auf Hans Georg Gadamer in: Jörg H. Gleiter: «Zur Genealogie des neuen Ornaments im digitalen Zeitalter. Eine Annäherung», in: *Arch+*, Nr. 189 (Entwurfsmuster. Raster, Typus, Pattern, Script, Algorithmus, Ornament), Oktober 2008, S. 78–83, hier: S. 82.
7  Max Frisch: *Tagebuch 1946–1949*, Frankfurt am Main 1950 (1971), S. 313. Frischs Äußerung bezieht sich auf das 1949 fertiggestellte Zürcher Freibad Letzigrund, das der erste und gleichzeitig einzige große Bauauftrag Frischs war.
8  Ernst H. Gombrich: *Ornament und Kunst. Schmuckbetrieb und Ordnungssinn in der Psychologie des dekorativen Schaffens*, Stuttgart 1982, S. 10. Engl. Ausgabe: *The Sense of Order. A Study in the Psychology of Decorative Art*, Wrightsman Lectures, Bd. 9, Oxford, 1979. Hier heißt es in Bezug auf den «term pattern» (auf S. X): «It also became a jargon term for a type of precedent and has therefore lost any precise connotation it may have once had.»

ihn interessieren, vielmehr ist es der «eigenwillige Versuch»[9], die wechselnden Muster der Ornamente auf einer gestalttheoretisch von Wolfgang Köhler und J.J. Gibson und erkenntnistheoretisch von Karl Popper inspirierten Weise empirisch zu erfassen und zu erklären. Was Gombrich vor allem beschäftigt sind die psychologischen und wahrnehmungstheoretischen Grundlagen der Kunst.

Es ist nicht ohne Reiz sich zu vergegenwärtigen, dass Gombrichs großformatige, längst zum Standardwerk avancierte Untersuchung vor dem Hintergrund einer Biografie entstanden ist, in der jener Ornamentdiskurs, der die Architekturgeschichte das 20. Jahrhunderts so grundlegend beschäftigen wird, seine Umrisse erhält. Denn geboren wird er 1909 in jenem Wien, in dem «die kompositorischen Neuerungen Schönbergs, der literarische Kampf von Karl Kraus gegen die Zeitungsphrase und die Denunziation des Ornaments durch Loos [...] keineswegs in vager geistesgeschichtlicher Analogie [stehen], sondern unmittelbar desselben Sinnes [sind]», wie er der um sechs Jahre ältere Zeitgenosse Theodor W. Adorno schon 1965 anlässlich seines Vortrages «Funktionalismus heute» vor dem Deutschen Werkbund beschrieben hatte.[10] Doch anders als Adorno und all jene, die sich im Zuge der Ende der 50er Jahre einsetzenden Funktionalismuskritik und dem damit einhergehenden Wiederaufleben des Ornamentdiskurses programmatisch an den polemisch funkelnden Provokationen der Loos'schen Streitschrift abarbeiten, sind diese weder Mittelpunkt noch explizit der Anlass von Gombrichs Untersuchung.[11] Allerdings wählt er, der die «radikale Haltung» von Loos als ein «Symptom für das Unbehagen» der Jahrhundertwende diagnostiziert, das im zeitgenössischen Wien als «Haus ohne Augenbrauen» verspottete Haus am Michaelerplatz (1909) als ein Paradebeispiel für den Widerstand, den eine derartige Innovation für konservatives Empfinden und tradierte Wahrnehmungsgewohnheiten bedeuten kann.[12] Auch wenn Gombrichs Themenwahl ohne das Bewusstsein der «Denunziation» des Ornaments durch die Protagonisten der klassischen Moderne kaum gelesen werden kann, so geht es dem Kunsthistoriker, der bereits mit *Kunst und Illusion* auf eine neue Weise über die wahrnehmungstheoretischen Grundlagen der Kunst nachgedacht hatte, nun in erkenntnis- und kunsttheoretischer Logik darum, die Grundlagen der Orna-

9  Willibald Sauerländer: *In Memoriam Sir Ernst Gombrich 30.3.1909–3.11. 2001*, The Gombrich Archive. www.gombrich.co.uk/obituaries.php.
10  Siehe Anm. 2, S. 377.
11  Siehe Anm. 8, S. 73f.
12  Ebenda, S. 192.

mentik im Sinne ihrer anthropologischen Bedeutung als «Schmuck-betrieb[s] und Ordnungssinn[s]» ins Visier zu nehmen. Indem er sich auf die Wahrnehmungs- und Gestaltpsychologie bezieht, betont er nicht nur die «psychologische Dimension»[13] und den wahrnehmungstheoretischen Anspruch seiner Untersuchung, er bekräftigt auch die Bedeutung des Ornamentes als eine Art archetypische Grundbedingung menschlichen Ausdruckswillens, als anthropologische Konstante. Mit der von ihm selbst immer wieder betonten Referenz auf die erkenntnistheoretischen Methoden Karl Poppers stellt er sich gleichzeitig in den Kontext eines wissenschaftstheoretischen Vorgehens, das eine prozesshafte Dynamik von «trial and error» zu seinem grundlegenden Prinzip erklärt und analog dazu aus dem Spannungsverhältnis von «Schema und Korrektur» seine produktive Erkenntnisenergie gewinnt.[14]

Vielleicht ist es dieser schwierige, kunsttheoretische, über den engeren Kreis eines vor allem an die Architektur gebundenen Ornamentdiskurses hinausgehende Anspruch, der dazu geführt hat, dass Gombrich in den heute immer zahlreicher werdenden Publikationen zu Muster und Ornament kaum mehr als der Respektbezeugung in Form einer höflichen Fußnote für wert befunden wird. Und dies natürlich vor allem dort, wo es nicht um eine essenzielle Reflexion zum Thema geht, sondern um die propagandistische Begleitmusik warenästhetischer Effekte.

Gleichzeitig mag diese geringe Wertschätzung aber auch damit zu tun haben, dass sich der Ornamentdiskurs im Kontext einer Funktionalismuskritik etablierte, die aus dem Kreis der Architektur selbst und der in diesem Zusammenhang relevanten Disziplinen stammte. Andererseits jedoch entsteht unter dem Einfluss der *Kritischen Theorie* eine Architekturkritik, die nicht nur das ontologische Bewusstsein all jener geißelt, die aus dem reinen Geist der Mathematik, respektive der Geometrie, kulturelle und gesellschaftliche Erlösung erhoffen.[15] Wenn es Gombrich nicht zuletzt um die wahrnehmungs- und gestaltpsychologischen Grundlagen und Zusammenhänge des Ornamentes zu tun war, so geht es heute um eine psychologische Dimension, die sich vor allem sozial und gesellschaftlich begründet.

---

13 Vergleiche Klaus Lepsky: *Ernst H. Gombrich, Theorie und Methode,* mit einem Vorwort von Ernst H. Gombrich, Wien, Köln 1991, S. 86.

14 Vergl. hierzu das Einleitungskapitel «Ordnung und Zweck in der Natur», siehe Anm. 8, S. 13ff., sowie Anm. 13, S. 37ff.

15 Siehe Anm. 4.

## Ornament und Abstraktion

Der programmatische Ornamentverzicht der (klassischen) Moderne hatte das entstandene Gestaltungsvakuum mit dem Appell an die Wirkung der reinen Geometrie der Formen und der «Materialerscheinung»[16] gefüllt. In der Nachkriegsarchitektur erlebte diese «Verdrängung des Ornaments» in der «absoluten Unanstößigkeit» und abstrakten Unverbindlichkeit moderner Dekorationen eine «tragikkomische» Fortsetzung.[17] Die Kritik traf auch die «geometrische Korrektheit» der ornamentalen ‹Muster›-Fassaden eines Egon Eiermann, die nicht nur «die Verdrängung des Ornaments in der Praxis der heutigen Architektur weitgehend vollendet[en]».[18] Sie sollten auch «den Arrangeuren der Konsumwelt» den Weg des architektonischen Branding ebnen[19] und damit einer Entwicklung Vorschub leisten, die heutzutage gerade im Hinblick auf die wuchernde Allgegenwart dekorativer *Pattern* von nicht zu unterschätzender Aktualität ist. Das *Warenmuster* verschwindet hinter dem Muster als Ware.

## Ornament und Natur

Analog zu den konstruktivistischen und funktionalistischen Rationalisierungen von Architektur und Gestaltung geraten seit den 1920er Jahren das organische Wachstum und die «biotechnischen»[20] «Konstruktionsvorbilder»[21] der Natur auf eine neue Weise ins Visier. Maßgeblich beteiligt an diesem neuen Blick auf die Natur sind die neuen Medien- und Visualisierungstechnologien, vor allem die Fotografie[22] und Mikroskopie.

Nun sollte es nicht mehr um die bloße Nachahmung im Sinne «einer nur ornamentalen Ausbeutung der Naturformen»[23] gehen, sondern um ein strukturelles Erkennen, das sich auf die Bauweisen der Erscheinungen der Natur bezog.

16  Siehe Anm. 3, S. 31, Untertitel zu Abb. 21.

17  Siehe Anm. 4, S. 53.

18  Michael Müller: *Die Verdrängung des Ornaments. Zum Verhältnis von Architektur und Lebenspraxis,* Frankfurt 1977, S. 12.

19  Wolfgang Pehnt: «Sechs Gründe, Eiermanns Werk zu lieben. Und einer, es nicht zu tun», in: *Egon Eiermann 1904–1970. Die Kontinuität der Moderne,* Ausstellungskatalog Karlsruhe, Berlin, hrsg. v. Annemarie Jaeggi, Ostfildern-Ruit 2004, S. 17–29, hier S. 23ff.

20  László Moholy-Nagy bezieht sich in diesem Zusammenhang ausdrücklich auf Raoul Francé und dessen Begriff der Biotechnik. Siehe Anm. 3, S. 60.

21  Ebenda.

22  In diesem Zusammenhang besonders folgenreich ist Karl Bloßfeld: *Urformen der Kunst,* Berlin 1928 und Ders.: *Wundergarten der Natur,* Berlin 1932.

23  Siehe Anm. 3, S. 60 und S. 70f.

Die «Entdeckung der mikroskopischen Feinstruktur der Materie» und deren «mikrofotografische» Visualisierung, wie sie etwa in den visuellen Untersuchungen von Moholy-Nagy dokumentiert ist[24], lässt dabei nicht nur die «Naturformen aus dem Bereich der anorganischen Stoffe sichtbar» werden, sie lässt sie auch für das «ästhetische Bewusstsein als durchaus ornamental erscheinen»[25].

«Die Projektion pflanzlichen Lebens in technische Formen»[26] war spätestens mit den berühmten Ornamentstudien von Louis Sullivan und der von ihm so explizit hergestellten Relation zwischen Funktion und Form zu einem Paradigma der Moderne geworden. Gemeint ist nun nicht mehr das als flächenhaft und damit als oberflächlich abgewertete vegetabile Ornament des Jugendstils. Es geht nunmehr um eine aus dem Studium der organischen (und auch der anorganischen) Natur gewonnene Analogiebildung, die bis in die biotechnologischen Adaptionen der Gegenwart in den Selbstbegründungen der Architektur ihren folgenreichen Niederschlag findet. Die Analogiebildung zwischen Natur als Gegebenem und Architektur als Geformtem wird dabei über ihren kulturellen und metaphorischen Zusammenhang hinaus in einen existenziellen strukturellen Zusammenhang gesetzt.

### Ornament und Struktur

Im Gravitationsfeld einer strukturalistisch geprägten Diskussion um den Zustand und die Zukunft der modernen Architektur und Gestaltung in den 1960er Jahren wird das Paradigma der Struktur auch zum Movens einer neuen Selbstbegründung des Ornaments. Der kulturelle Kontext (wie er die westlichen Gesellschaften bestimmt) ist von der *Abstraktion* geprägt; die Diskussion um den Ornamentcharakter von Strukturen jeder Art wird zu einem Thema, in dem es durchaus um die schlichte Rückgewinnung dekorativer Qualitäten und ihrer Wertschätzung geht. Darüber hinaus gilt es aber auch, einen sinnstiftenden Zusammenhang herzustellen zwischen der künstlerischen Leitkultur und einer gesellschaftlichen Wirklichkeit, die zunehmend den Verlust an Symbolen beklagt.[27]

24  Siehe Anm. 3, S. 35.
25  Hans Heinz Holz, «Die Repristination des Ornaments», in: Ders.: *Vom Kunstwerk zur Ware. Studien zur Funktion des ästhetischen Gegenstandes,* Neuwied, Berlin 1972, S. 140–166.
26  «... folgt dem Ritual des Banns»: Gert Mattenklott in Karl Bloßfeldt: *Alphabet der Pflanzen,* hrsg. von Ann und Jürgen Wilde mit einem Text von Gert Mattenklott, München 2007, S. 9.
27  Siehe Gombrich, Anm. 8, S. 73/74 sowie Holz, Anm. 25, S 164ff.

Die derzeit immer wieder zitierte Ausstellung *Ornament ohne Ornament?*, die 1965 im damaligen Zürcher Kunstgewerbemuseum (heute: Museum für Gestaltung) stattfand, wird in diesem Zusammenhang zu einem Schlüsselereignis.[28] Sie stellte den Versuch dar, dem Phänomen des Ornamentalen in den vielfältigen Verkleidungen, Ersatzhandlungen und Transformationen auf die Spur zu kommen, welche die Moderne hervorgebracht hatte. Mit ihren in alle möglichen thematischen Richtungen wuchernden Materialien präsentierte die Ausstellung offensichtlich eine durchaus anregende, aber auch «verwirrende» Phänomenologie ornamentaler Erscheinungen, die vor allem nach Maßgabe einer wahrnehmungspsychologischen Erfahrung thematisiert wurde; diese hatte sehr viel mit Sehgewohnheiten und kulturellen Prägungen und sehr wenig mit dem Versuch einer grundsätzlichen Klärung eines zeitgemäßen Ornamentbegriffs zu tun.

Die Ausstellung veranlasste Hans Heinz Holz nicht nur zu einer Rezension, sondern war ihm überdies Anlass genug, sich auf eine grundsätzliche Weise mit den Bedingungen und der Beschaffenheit des Ornaments zu befassen.[29]

Holz konnte offensichtlich, darin einig mit Max Bill[30], dem Anliegen der Ausstellung nur wenig abgewinnen: «Ornamentales findet Buchmann [der Kurator der Ausstellung, Anm. der Autorin ] allenthalben. [...] Tatsächlich fragt man sich, ob im Eifer der Planung die Ausstellungsleiter nicht allzu viel ornamentales entdeckt zu haben glauben, ob sie nicht dem Fehler verfallen sind, in fast jeder Form schon ein Ornament zu sehen. [...] bestimmte ornamentfreie Formen, die in additiver Häufung auftreten, [sind] ornamental erlebbar für den, der eine entsprechende Sehgewohnheit mitbringt».[31] Holz setzt sich daraufhin – einige Jahre vor der Untersuchung Gombrichs – in einer sehr grundsätzlichen Weise mit dem «kategorialen Problem» und der «begrifflichen Durchdringung» des Ornamentbegriffs auseinander. Seine definitorischen Annäherungen sind vor allem um

28  Siehe Anm. 5.
29  Das in Anm. 25 zitierte Kapitel geht zurück auf seine Rezension «Ornament ohne Ornament», in: *Basler National-Zeitung* vom 15.8.1965 und einen wiederum daraus resultierenden Beitrag zum Katalog der Ausstellung *Ornamentale Tendenzen in der zeitgenössischen Malerei,* Ausstellungskatalog Berlin, Leverkusen, Wolfsburg 1968.
30  Max Bill: «Sinn ohne Sinn?», in: *Zürcher Woche* Nr. 29, 16. Juli 1965, S. 13: In seiner Kritik bemängelte Bill gleich vorab, dass keine Unterscheidung gemacht worden sei zwischen den verschiedenen Begriffen, die das semantische Gravitationsfeld im Diskurs des Ornaments markieren: «Ornament, Dekoration, Muster, Struktur, Raster, Rapport [...]».
31  Siehe Anm. 25, S. 248/249.

eine kunsthistorische und ästhetiktheoretische Objektivierung bemüht.[32] Sie präsentieren brauchbare Unterscheidungen zwischen Muster und Ornament.[33] Und sie präzisieren seine formalen Bestimmungen.[34]

In dem gedanklichen und visuellen Panoptikum des Zürcher Ausstellungs-kataloges kommt allerdings auch eine Stimme zu Wort, deren architektur-geschichtliches Gewicht für jene Zeit kaum zu überschätzen ist. Auf wenigen Seiten skizziert Christian Norberg-Schulz die Umrisse eines Begriffs von «Archi-tekturornament», der sich durchaus als eine Anverwandlung strukturalistischer Denkweisen (und ihrer ontologischen Transzendierung) auf die Frage des Ornaments zu erkennen gibt.[35] Doch anders als seine Mitautoren argumentiert Norberg-Schulz streng im Rahmen architektonischer Gesetzmäßigkeiten und «Gestaltfunktion». Er versucht auf einer formalen Grundlage den Ornament-begriff als eine Form der «Bereicherung» für die damalige Architektur zurückzu-gewinnen, deren akzentuierende Funktion es vor allem sei, « [...] die Struktur zu klären und zu betonen». Das Ornament ist «von entscheidender Bedeutung für die formale Artikulation»[36]. Unter Bezugnahme auf Louis Sullivan[37] und dessen Hoffnungen auf die kathartischen Wirkungen einer Epoche des radikalen Orna-mentverzichtes folgert Norberg-Schulz: «Wir haben heute augenscheinlich die Periode durchlebt, da man von der Verwendung des Ornaments abstehen möchte, um jetzt wieder das Problem der *Bereicherung* anzupacken. Es ist aber eine andere Frage, ob dieses in einer Weise geschieht, die man mit den Worten ‹ohne Gefahr› charakterisieren kann.»[38]

### Ornament als «Zuwachs an Sein»?

So wenig es angesichts des im Zuge der Funktionalismuskritik diagnostizierten Bedeutungs- und Symbolverlustes legitim erschien, «eine Wiederbelebung des Ornaments nach ‹vergangenen Vorbildern›»[39] zu propagieren – ein Vorhaben, das von den narrativen Strategien der Postmoderne unterschiedlich erfolgreich

---

32 Ebenda, hier vor allem: S. 163/64.
33 Ebenda, S. 147 bzw. S. 159f.
34 Diese formalen Bestimmungen werden dann auch Ausgangspunkt für Michael Müller in seiner zitierten Untersuchung zum Ornament, siehe Anm. 18.
35 Siehe Anm. 5.
36 Siehe Anm. 5, S. 26.
37 Ebenda, S. 24.
38 Ebenda.
39 Siehe Anm. 18, S. 7.

unterwandert worden ist –, so wenig ist es das auch heute. Vielmehr scheint noch immer zu gelten, was Michael Müller 1977 unter Bezug auf Heide Berndt festgestellt hat, dass nämlich «demgegenüber [...] eine Architektur, die eine ‹ästhetisch neue und psychisch hochdifferenzierte Formensprache entwickeln will›, also auch eine Art von Ornament, den technischen Stand der ihr zur Verfügung stehenden Materialien zu berücksichtigen» habe und damit «die künftige Gestalt der Architektur [...] an dem jeweiligen Stand der technologischen Entwicklungen und Möglichkeiten zu messen sei» [40]. So weit, so gut. Und genau das scheint es ja auch zu sein, was den Apologeten des «neuen Ornaments» [41] ihre Legitimationsgrundlage verschafft.

Das neue Pathos des Ornaments ist das Pathos des entwurfs- und materialtechnologischen Instrumentariums!

Die informationstechnologisch basierten Entwurfsstrategien haben einen genuin an die Produktionsbedingungen der Architektur gekoppelten – gestalterischen – Überfluss möglich gemacht. Und das im Zeichen industrieller Produktion beziehungsweise einer *Mass Customization,* die ihrerseits die Systematisierungszwänge der industriellen Fertigung zur Disposition gestellt hatte! Damit lässt sich nun das Gegenteil dessen erreichen, was das am Musterhaften und am Mustergültigen orientierte Tayloristische Ringen um den Typ, die Norm und den Standard trotz einer gewissen im Laufe der Zeit erreichten Typenvielfalt verwehrte. Das technologische Möglichkeitsdenken verweist allerdings in erster Linie nur auf sich selbst. Die ihm zu Grunde liegenden Muster sind technisch-rational; die aus ihrem Zusammenwirken entstehende Emergenz ist eine technisch-rationale, der nicht so ohne Weiteres ein über sich selbst hinausweisender Sinn zugesprochen werden kann. Doch um genau diesen Sinn sollte es gehen, wenn man sich abgrenzen will gegen die warenästhetischen Verpackungen einer dekorativen Produktion von mehr oder weniger originellen *Pattern,* die nach gewohnter Manier verkleiden – und eben nicht im Semper'schen Sinne *be*kleiden. Zudem vermeiden sie in der Mimikry des Anglizismus, sich der Bedeutungsfrage zu stellen, welche mit dem Ornament seit jeher verbunden ist.

Der zum Pattern geronnene Begriff im Sinne des dekorativen Musters fällt in seiner Beliebigkeit weit hinter den Ornamentbegriff zurück, während ein aus der generativen Dynamik der Entwurfsmuster gewonnener Musterbegriff über

---

40  Ebenda, S. 8.
41  Zum Beispiel Jörg H. Gleiter, siehe Anm. 6.

sich hinauszuwachsen scheint und jenes «neue Ornament» projiziert, von dem nun wieder so viel geredet wird.

Die Sehnsucht nach der Form ist auch eine Sehnsucht nach dem Sinn. Norberg-Schulz hatte von Bereicherung gesprochen und er meinte damit so etwas wie den ontologisch wirksamen Mehrwert der strukturalistischen Operation.

Doch was ist der Sinn heute? Worin besteht dieser «Zuwachs an Sein», von dem Hans Georg Gadamer spricht, der nicht abgelassen hat nach den Grundlagen der Ästhetik, sprich nach der Schönheit, zu fragen und nach der Aktualität dieser Frage an der Schwelle vom Industrie- zum Informationszeitalter?[42]

Diese Frage sollte uns beschäftigen. Und sie tut es auch, zumindest dort, wo wieder gefragt wird: «Was bleibt von der Architektur, wenn die programmatische Effizienz auf diesem Wege [...] überhand zu nehmen droht? Was passiert mit den politischen und gesellschaftlichen Idealen, mit denen die Moderne als Projekt gestartet war? Werden sie als Geister im Spukhaus der Architektur»[43] nicht zur Ruhe kommen und uns, die Nachkommen, so lange malträtieren, bis wir ihnen nicht nur zuhören, sondern auch neue Antworten finden? Statt einer (eindeutigen) Antwort, für die es vielleicht noch zu früh ist, lässt der hier zitierte Nikolaus Kuhnert den Architekturtheoretiker Antoine Picon zu Wort kommen, der in der gleichen Ausgabe von *Arch+* mit der Frage fortfährt, ob uns denn die Abwesenheit von politischer, sozialer, mithin gesellschaftlicher Utopie nicht beunruhigen sollte.[44] Ja, sie sollte uns beunruhigen, oder anders gesagt, sie sollte uns in nachhaltiger Weise für das sensibilisieren, was im «Spukhaus der Architektur»[45] vor sich geht, in dem die Geister der Moderne (und ihrer kritischen Nachfahren, die das Projekt der Moderne schon immer als unvollendet angesehen haben[46]) rumoren. Sie haben «ihr letztes Wort noch nicht gesprochen: Obgleich ihre Macht angesichts der Entwicklung des computergestützten Entwurfs zu schwinden droht, flüstern sie nicht nur all denjenigen, die ihnen zuhören wollen, alte Geschichten von Projekten ins Ohr, die auf eine untrennbare Weise zugleich ästhetisch, politisch und sozial sein könnten».[47] Sie erinnern auch daran, dass

---

42  Hans-Georg Gadamer: *Die Aktualität des Schönen*, Stuttgart (1977) 2006.

43  Nikolaus Kuhnert: «Editorial», in: wie Anm. 6, S. 9.

44  Antoine Picon: «Das Projekt. Von der Poesie der Kunst des Entwerfens», in: wie Anm. 6, S. 12–17, hier: S. 12.

45  Ebenda, S. 17.

46  Jürgen Habermas: «Die Moderne – ein unvollendetes Projekt», Rede zur Verleihung des Adornopreises 1980, in: *Die Moderne – Ein unvollendetes Projekt. Philosophisch-politische Aufsätze*, Leipzig 1990.

47  Siehe Anm. 45.

Gestaltung und ihre Ingredienzen wie etwa das Ornament, nach wie vor etwas zu tun haben mit «Schmuckbetrieb und Ordnungssinn» und einer komplexen Reihe psychologischer Bedürfnisse, die sich auf vielfältige Weise herleiten lassen. Und vielleicht ist das eine Chance: Die globalisierten und globalisierbaren Muster informationstechnologischer Entwurfsstrategien werden das kaum leisten, solange sie sich auf warenästhetische Extravaganz und post-postfunktionalistische Technologieversessenheit beschränken. Die Chance liegt da, wo der produktive Überschuss in eine Identität umgewandelt wird, die sich mit den jeweiligen kulturellen Kontexten verbindet und über die architekturimmanenten Befindlichkeiten hinausweist.

Damit stehen wir vor der Aufgabe, Architektur und die mit ihr verbundenen Fragen nach Gestaltung und Form, und eben vielleicht auch die nach Schönheit und Ornament, in einem Zusammenhang zu stellen mit einer gesellschaftlich und kulturell relevanten Sinnproduktion.

Georg Vrachliotis

# «SO FING ICH AN VON MUSTERN ZU TRÄUMEN…»[1] ÜBER DAS DENKEN IN STRUKTUREN, DAS ENTWERFEN MIT MUSTERN UND DEN WUNSCH NACH SCHÖNHEIT UND BEDEUTUNG IN DER ARCHITEKTUR

«Mit einem Computer kann man zwar eine Reihe von Parametern definieren und endlos viele Kombinationen und Varianten am laufenden Band produzieren, aber wenn sie keine Bedeutung haben, dann ist das Ganze nur ein banales Spiel»[2], erklärt der österreichische Architekt und Mathematiker Christopher Alexander seinen beiden aufmerksamen Gesprächspartnern, dem holländischen Architekten Rem Koolhaas und dem Schweizer Kurator und Publizisten Hans Ulrich Obrist. Diese wollten von ihm wissen, was er über die Tendenz in der gegenwärtigen Architektur denke, den Computer vornehmlich als eine Maschine für die Erzeugung einer «endlosen Zahl von verschiedenen und individuellen Formen»[3] zu betrachten. «Die Vorstellung einer solchen Welt finde ich sogar beängstigend, weil sie nicht aus etwas Realem entsteht», entgegnet Alexander, «man kann ihre Unaufrichtigkeit geradezu herauslesen, denn sie propagiert eine falsche Art von Vielfalt. Wenn man sich eine Pflanze anschaut und die ganze Vielfalt auf einem Stück von zwei bis drei Zentimeter sieht, dann lernt man eine Lektion für die Architektur.»[4]

Doch was meinte Alexander, wenn er von einer «falschen Art von Vielfalt» beim Resultat von computergenerierten Prozessen in der gegenwärtigen Architektur spricht? Und wie hängt das alles mit dem zusammen, was im aktuellen Diskurs um Muster, Ornament, Architektur und Informationstechnologie unter der noch etwas unhandlichen Etikette «Neo-Strukturalismus digitaler Prägung»[5] gehandelt wird?

Das Gespräch zwischen Alexander, Koolhaas und Obrist fand im Sommer 2007 in Alexanders Haus in England statt. Diskussionsgegenstand war, einmal

---

1   «Von fliessenden Systematik und generativen Prozessen. Christopher Alexander im Gespräch mit Rem Koolhaas und Hans Ulrich Obrist», in: *Arch+*, Nr. 189 (Entwurfsmuster. Raster, Typus, Pattern, Script, Algorithmus, Ornament), Oktober 2008, S. 25. Dieses und alle folgenden Zitate aus diesem Gespräch sind Übersetzungen der unveröffentlichten englischen Transkription, übersetzt von Kristina Herresthal, abgedruckt in: Ebenda, S. 20–25.

2   Ebenda, S. 25. Für die Originalzitate sei Nikolaus Kuhnert und Anh-Linh Ngo gedankt.

3   Ebenda, S. 24.

4   Ebenda, S. 25.

5   Nikolaus Kuhnert und Anh-Linh Ngo: «Editorial», in: Ebenda, S. 8.

mehr, das von Alexander vor über vier Jahrzehnten publizierte Mammutwerk *Eine Mustersprache.*[6] Noch immer – oder sollte man besser sagen: erneut – beschäftigt man sich mit diesem weit über 1 000 Seiten starken Werk, das als das populärste und umstrittenste Ergebnis eines beinahe zehn Jahre laufenden Forschungsprojektes am *Center for Environmental Structures* der University of California in Berkeley hervorgegangen war.[7] Alexander äußerte sich im Verlauf der Diskussion nicht nur über die Kerngedanken seiner Entwurfsmuster und die dahinterstehende Idee von Natur, sondern auch über aktuelle Tendenzen in der digitalen Architekturproduktion. Angesichts der momentanen Suche, für die «Strukturform» des Computers auch eine dazu entsprechende «Kulturform» zu finden[8], scheint es auf den ersten Blick, als unterliege die Architektur(theorie) zur Zeit der Verlockung, den jeweiligen Moden um Muster, Strukturen und Ornamente unreflektiert zu folgen. Aufgrund neuartiger technologischer Produktionsverfahren wird vor jeden dieser Begriffe häufig lediglich das Adjektiv *digital* gesetzt, um ihnen durch dieses veränderte Vorzeichen den Anschein des Aktuellen und des Neuen zu verleihen. Dass dabei häufiger von Ornamenten als von Mustern gesprochen wird, obwohl es sich genau genommen oftmals um Letztere handelt, lässt sich damit erklären, dass der Musterbegriff einen höheren Abstraktionsgrad hat und seine Bedeutung dadurch schwieriger zu diskutieren ist. Demgegenüber ist die Versuchung groß, aus den unzähligen historischen Diskursräumen des Ornamentbegriffs Argumente und Vorläufer für die derzeitige Architekturdebatte zu konstruieren und dadurch neue Bedeutungspotenziale zu eröffnen. Eine (erneute) Erörterung von Alexanders *Eine Mustersprache* bietet in diesem Zusammenhang einen produktiven Weg durch das Dickicht der unzähligen, vielfach ausschließlich in der Nähe zum Ornament diskutierten Musterbegriffe.

---

6   Christopher Alexander, Sara Ishikawa, Murray Silverstein mit Max Jacobson, Ingrid Fiksfahl-King, Shlomo Angel: *Eine Mustersprache. Städte, Gebäude, Konstruktion,* hrsg. und mit einem Nachwort von Hermann Czech, Wien 1995. Amerikanische Originalausgabe: *A Pattern Language. Towns, Buildings, Construction,* Cambridge 1977.

7   Alexander verwendete den Begriff «pattern» schon, bevor dieser im Zusammenhang mit der *Pattern Language* Epoche machte. Vgl. bspw. Christopher Alexander: «The Pattern of Streets», in: *Journal of the AIP,* Bd. 32, Nr. 5, September 1966, S. 273–278. Als kritische Stimme aus dieser Zeit vgl. Christoph Feldtkeller und Dietrich Keil: «Alle mal pattern! Oder Zur Idiotiekritik. Anmerkungen zu Christopher Alexanders ‹Major Changes in environmental form required by social and psychological demands›», *Arch+,* Nr. 8, Oktober 1969, S. 29–35.

8   Wie Anm. 5 und mit Hinweis auf den deutschen Systemtheoretiker Dirk Baecker, S. 7.

Bemerkenswert ist, dass in den Schilderungen seiner Entwurfsmuster häufig kaum erwähnt wird, dass Alexander einer der ersten Architekten war, die zu Beginn der 1960er Jahre für architektonische Fragestellungen eigene Computerprogramme schrieben, und zwar zu einer Zeit, in welcher der Computer für die Architektur noch als Instrument der Zukunft galt und sich die kulturellen Vorstellungen von ihm zwischen dem Bild einer Zeichenmaschine und den Fantasien eines Elektronengehirns bewegten. Berücksichtigt man nicht nur die Entwurfsmuster und ihre Entstehungsgeschichte, sondern ebenfalls Alexanders frühe Untersuchungen zur Rolle des Computers in der Architektur, so erscheinen auch Aspekte der aktuellen Ornament- und Musterdiskussionen in einem neuen Licht. Die Konturen dieser Aspekte zu erkunden und zu diskutieren ist somit das Ziel der nun folgenden Überlegungen.

### Christopher Alexander und der Computer

Bereits auf einer der ersten internationalen Konferenzen zur Beziehung zwischen Architektur und Computer, der *First Boston Conference on Architecture and the Computer* (1964), unter deren Referenten auch der tschechische Architekt Serge Chermayeff[9] war, verkündete der damals 30-jährige Alexander selbstbewusst, worin seiner Meinung nach der Kernaspekt im gestalterischen Umgang mit dem Computer bestehen sollte. Während bei den zu dieser Zeit aufstrebenden *Computer Graphics*[10] die Entwicklung neuartiger Zeichenwerkzeuge im Vordergrund stand, trat Alexander bereits früh als ein vehementer Kritiker dieser weit verbreiteten Auffassung auf. Auf der Bostoner Konferenz, die im gleichen Jahr stattfand, in dem auch seine viel beachtete Doktorarbeit *Notes on the Synthesis of Form*[11] veröffentlicht wurde, konnte Alexander seine Überlegungen nun erstmals einer breiten Öffentlichkeit vorstellen [Abb. 1]. Er präsentierte dem Publikum gleich eine ganze Reihe von Gegenargumenten zu den Fragestellungen und Grundhypothesen, welche im Zusammenhang von Architektur, Design und Computer vielfach anzutreffen waren. Polemisch konfrontierte er die anwesenden Protagonisten des *Computer-aided Design* mit seiner alternativen Denkweise über Architektur und Computer, etwa den amerikanischen Computerpionier Steve Coons.

---

9 Vgl. Serge Chermayeff und Christopher Alexander: *Community and Privacy: Toward a New Architecture of Humanism,* New York, 1963. Deutsche Ausgabe: *Gemeinschaft und Privatbereich im neuen Bauen. Auf dem Weg zu einer humanen Architektur,* Mainz, Berlin 1975.
10 Vgl. William A. Vetter: *Computer Graphics in Communication,* New York 1964.
11 Christopher Alexander: *Notes on the Synthesis of Form,* Cambridge 1964.

Abb. 1: Christopher Alexander bei der Arbeit zu seinem Buch *Notes on the Synthesis of Form*.

Entgegen deren weit verbreiteter Auffassung, den Computer in der Architektur vornehmlich als eine intelligente Zeichenmaschine zu verwenden, vertrat Alexander den Standpunkt einer strukturorientierten, experimentellen Entwurfskultur, in welcher es gerade nicht um Repräsentationsformen oder die nachträgliche Digitalisierung schon fertiger Konzepte ging.

«In my opinion the question [...] ‹How can the computer be applied to architectural design?› is misguided, dangerous, and foolish», begann Alexander seinen Vortrag vor den erstaunten Konferenzteilnehmern und fuhr fort: «We do not spend time writing letters to one another and talking about the question ‹How can the slide rule be applied to architectural design?› We do not wonder about houses, hammer and saw in hand, wondering where we can apply them. In short, adults use tools to solve problems that they cannot solve without help. Only a child, to whom the world of tools is more exciting than the world in which those tools can be applied, wonders about wondering how to make use of his tools.»[12] Für Alexander lag die Stärke des Computers demnach in erster Linie in seiner Eigenschaft, über eine außerordentliche Rechenkapazität zu verfügen. Ein Computer verkörperte für ihn nicht mehr, als «a huge army of clerks, equipped with rule books, pencil and paper, all stupid and entirely without initiative, but able to follow exactly millions of precisely defined operations»[13]. Der zu dieser Zeit sehr populären Vorstellung, Computern so etwas wie Maschinenintelligenz zuzusprechen, begegnete er daher mit großer Vehemenz. Auch dem in den Entwicklerkreisen des *Computer-aided Design* beliebten Argument, Zeichenprogramme könnten dem Architekten eine ungeheure Vielfalt von Grundriss- oder Fassadenvarianten in

12 Christopher Alexander: «A much asked question about computers and design», in: *Architecture and the Computer. Proceedings of the First Boston Architectural Center Conference,* Boston, 5. Dezember 1964, aus dem Archiv des Department Architektur, MIT, 1964, S. 52. Vgl. auch ders.: «The Question of Computer in Design», in: *Landscape,* Bd. 14, Nr. 3, 1965, S. 6–8.; «Nach meiner Auffassung ist die Frage [...] ‹Wie kann der Computer auf die Architektur angewendet werden?› irreführend, gefährlich und dumm [...]. Wir verbringen unsere Zeit nicht damit, uns gegenseitig Briefe zu schreiben und uns über die Frage ‹Wie kann ein Rechenschieber in der Architektur angewendet werden?› zu unterhalten. Wir wundern uns nicht darüber, dass Häuser, Hämmer und Sägen zur Verfügung stehen, und fragen uns nicht voller Erstaunen, wo wir sie anwenden können. Kurz gesagt, lösen erwachsene Menschen mit Hilfen von Werkzeugen Probleme, die sie ohne Hilfe nicht lösen könnten. Nur ein Kind, für das die Welt der Werkzeuge aufregender ist als die Welt, in der diese zum Einsatz kommen, fragt sich, wie diese Werkzeuge wohl angewendet werden können.» (Übersetzung: Thomas Menzel).

13 Ebenda; «eine große Armee von Beamten, die mit Vorschriften, Stift und Papier ausgerüstet ist, dumm und ohne jede Initiative, aber fähig, Millionen von präzise definierten Arbeitsgängen genau auszuführen.» (Übersetzung: Thomas Menzel).

allen Perspektiven und in kürzester Zeit generieren, erklärte er nüchtern: «At the moment, the computer can, in effect, show us only alternatives which we have already thought of. This is not a limitation in the computer. It is a limitation in our own ability to conceive, abstractly, large domains of significant alternatives.»[14]

Der fachliche Überblick und der theoretische Scharfblick, den Alexander bereits damals für das erst im Entstehen begriffene Untersuchungsfeld von Potenzialen und Grenzen des Computers für die Architektur bewies, war bemerkenswert. Kritikern des Computers erwiderte er provokativ: «Those that fear the computer itself, are invariably those who regard design as an opportunity for personal expression. The computer is a threat to these people because it draws attention to the fact that most current intuitive design is nothing but an outpouring of personal secrets in elastic form.»[15] Wie auch immer man Alexanders spätere Auffassungen über die Rolle des Computers als architektonisches Entwurfsinstrument bewerten mag, für die damalige Zeit waren seine Überlegungen revolutionär – und das, obwohl diese ihrem Anspruch nach bedeutend nüchterner und bescheidener waren als etwa die Technikfantasien eines Steve Coons oder eines Joseph C. R. Licklider.[16]

Im Schlusswort seines Vortrages fiel schließlich eine Äußerung, mit der Alexander schon früh bewies, warum er – im Vergleich zu den vielen anderen Protagonisten auf dieser Konferenz – als ein ernsthafter und ernst zu nehmender Teilnehmer architekturtheoretischer Debatten gilt.[17] «[...] There is really very little that a computer can do, if we do not first enlarge our conceptual understan-

14 Ebenda, S. 53; «Tatsächlich kann uns der Computer momentan nur Alternativen zeigen, an die wir schon gedacht haben. Dies stellt keine Begrenzung der Möglichkeiten eines Computers dar. Es ist eine Begrenzung unserer eigenen Fähigkeit, uns in abstrakter Weise eine Sphäre mit bedeutsamen Alternativen vorzustellen.» (Übersetzung: Thomas Menzel).

15 Ebenda, S. 55; «Diejenigen, die den Computer fürchen, sind immer die, die Design als Möglichkeit des persönlichen Ausdrucks betrachten. Für diese Leute ist der Computer eine Bedrohung, denn er lenkt die Aufmerksamkeit auf die Tatsache, dass intuitives Design meist nichts anderes als der Erguss persönlicher Geheimnisse in dehnbarer Form ist.» (Übersetzung: Thomas Menzel).

16 Der amerikanische Psychologe Joseph C. R. Licklider gilt auch als zentrale Figur der frühen visuellen Computerforschung. Die populäre Vorstellung, eine Rechenmaschine in eine interaktive Zeichenmaschine verwandeln zu können, geht größtenteils auf ihn zurück.

17 Vgl. etwa die hitzig geführte Podiumsdiskussion zwischen Alexander und Peter Eisenman am 17. November 1982 an der Harvard School of Design. Abgedruckt unter dem Titel «Contrasting Concepts of Harmony in Architecture», in: Lotus International, Nr. 40, 1983, S. 60–68 (in deutscher Übersetzung erstmals in: Arch+, Nr. 73, März 1984, S. 70–73). Für den Hinweis danke ich Vera Bühlmann.

ding of form and function,»[18] stellte Alexander fest und verdeutlichte durch seinen Rückverweis auf den architektonischen Funktions- und Formbegriff, wie
sehr sich sein Architektur- und Technologieverständnis von denjenigen unterschied, die zu Beginn der 1960er Jahre im Umfeld der visuell orientierten *Computer Graphics* diskutiert wurden. Alexander sah den Nutzen des Computers für die
Architektur somit hauptsächlich auf einer strukturellen Ebene und kehrte den
Richtungsvektor innerhalb der Beziehung von Architektur und Technologie um:
Die soziale Logik eines architektonischen Entwurfs und die damit verbundene
Vorstellung von Vielfalt sollte nicht an die technologische Logik des Computers
und seine Möglichkeit, unzählige Varianten zu produzieren, angepasst werden,
sondern umgekehrt. Ruft man sich vor diesem Hintergrund das eingangs zitierte
Gespräch zwischen Alexander, Koolhaas und Obrist in Erinnerung und die von
Alexander dort geäußerte Kritik über das banale Spiel der Varianten, so wird deutlich, dass er seine Grundhaltung gegenüber dem Computer über die letzten
40 Jahre kaum geändert hat.

### Über Entwurfsmuster

«Es tut mir schrecklich leid, aber die einzige Möglichkeit, wie ich dieses Projekt
durchführen kann, wäre, die Leute selbst planen zu lassen»[19], schrieb der junge
Alexander Ende der 1950er Jahre in einem Brief an die Regierung des indischen
Bundesstaates Gujarat. Diese war zuvor mit einem Planungs- und Bauauftrag für
ein ganzes Dorf an Alexander herangetreten. Es versprach, ein Projekt von
beträchtlichem Volumen zu werden. Darüber, dass er letzten Endes einen solchen für jeden praktizierenden Architekten scheinbar lukrativen Auftrag ab-
lehnte, mag man sich zunächst wundern. Doch hielt Alexander aus der eigenen
Unzufriedenheit heraus an der Ausarbeitung besserer, partizipatorischer Pla-
nungsmodelle fest und stellte seine theoretischen Überlegungen in diesem Fall
über die Lorbeeren der Baupraxis. Erfolglos hatte er zuvor in dem indischen Dorf
versucht, das idealistische Vorhaben, nicht den Architekten, sondern die Menschen vor Ort entwerfen zu lassen, mit der Anfertigung von leicht lesbaren Ent-
wurfsdiagrammen einzulösen.[20] «Es war einfach so, dass ich immer wieder über

18  Christopher Alexander: «A much asked question about computers and design», wie Anm. 12; S. 55;
«Ein Computer kann nur sehr wenig ausrichten, wenn wir nicht zuerst unser konzeptuelles Verständnis
von Form und Funktion erweitern.» (Übersetzung: Tomas Menzel).
19  Christopher Alexander: wie Anm. 1, S. 22.
20  Vgl. Kari Jormakka (Hrsg.): *Diagramme, Algorithmen, Typen,* Reihe *UmBau,* Nr. 19, Wien 2002.

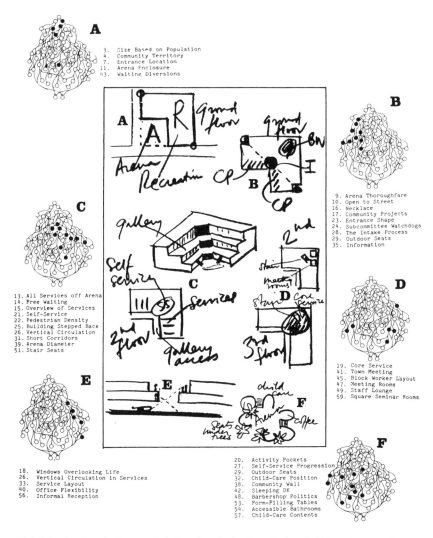

**A**

3. Size Based on Population
4. Community Territory
7. Entrance Location
11. Arena Enclosure
43. Waiting Diversions

**B**

9. Arena Thoroughfare
10. Open to Street
16. Necklace
17. Community Projects
23. Entrance Shape
24. Subcommittee Watchdogs
28. The Intake Process
29. Outdoor Seats
35. Information

**C**

13. All Services off Arena
14. Free Waiting
15. Overview of Services
21. Self-Service
22. Pedestrian Density
25. Building Stepped Back
26. Vertical Circulation
31. Short Corridors
39. Arena Diameter
51. Stair Seats

**D**

19. Core Service
41. Town Meeting
45. Block Worker Layout
47. Meeting Rooms
49. Staff Lounge
59. Square Seminar Rooms

**E**

18. Windows Overlooking Life
26. Vertical Circulation in Services
33. Service Layout
40. Office Flexibility
56. Informal Reception

**F**

20. Activity Pockets
27. Self-Service Progression
29. Outdoor Seats
32. Child-Care Position
38. Community Wall
42. Sleeping OK
48. Barbershop Politics
53. Form-Filling Tables
54. Accessible Bathrooms
57. Child-Care Contents

Abb. 2: Christopher Alexander, diagrammatische Darstellung einzelner Entwurfsschritte für Mehrzweckzentren in San Francisco mit dazugehörigem Pattern.

das Problem nachdachte. […] So fing ich an von Pattern, von Mustern zu träumen, denn Muster sind als Instrument expliziter und einfacher zu handhaben.»[21] Ganz gleich, ob nun unter der Bezeichnung *Diagramm* oder *Muster,* entscheidend für das Verständnis von Alexanders Weltvorstellung ist, dass es ihm bis heute um das Programmieren von Handlungen geht: von der «anthropologischen Quelle zum physischen Objekt, zur gebauten Form, zum städtischen Quartier»[22] [Abb. 2]. Es ist die Annahme von der Existenz kultureller Archetypen, die bei Alexander als anthropologische Konstanten im Gewand formalisierter Handlungsanweisungen Bestandteil einer Ansammlung von dicht verknüpften, komplexen Regelwerken werden. «There was a general feeling in the 1960's that both society and the environment mirror each other and that if one starts to take the structure of the environment seriously enough one inevitably becomes involved in the reconstruction of society. This is not a particular social philosophy, just a recognition that by ‹patterns› one means patterns of behaviour as well as patterns of space […].»[23] Vor dieser strukturalistischen Grundhaltung und getrieben von der persönlichen Überzeugung, verstehen zu wollen, wie «Form aus den Bedürfnissen der Gesellschaft entsteht»[24], begann Alexander, die Welt um sich herum aus der Sicht generativer Systeme zu erforschen.[25] Es ist eine Welt der Relationen, in der die Aufgabe des Architekten nur noch darin besteht, einige dieser Relationen zu identifizieren, zu ergründen und explizit werden zu lassen. Jedes Objekt lässt sich somit durch ein Netz aus Relationen bestimmen, womit jede räumliche Situation

---

21  Christopher Alexander: wie Anm. 1, S. 22.

22  Ebenda.

23  Stephen Grabow: *Christopher Alexander. The search for a new paradigm in architecture,* Boston 1983, S. 55; «In den sechziger Jahren herrschte allgemein die Auffassung, dass Gesellschaft und Umwelt sich gegenseitig spiegeln würden. Wenn also jemand sich die Struktur der Umwelt vornehmen würde, würde er ganz im Ernst unvermeidlich in die Umformung der Gesellschaft verwickelt sein. Dies ist keine spezielle Sozialphilosophie, sondern nur die Erinnerung daran, dass mit dem Begriff ‹pattern› sowohl Verhaltensmuster wie Raummuster bezeichnet werden.» (Übersetzung: Tomas Menzel).

24  Wie Anm. 1, S. 21.Vgl. auch Christopher Alexander: «From a Set of Forces to a Form», in: György Kepes (Hrsg.): *The Man Made Object.* Vision and Value Series, Bd. 4, New York 1966, S. 96–107. Deutsche Ausgabe: «Einflussfaktoren und Objektgestaltung», in: György Kepes: *Der Mensch und seine Dinge,* Brüssel 1980, S. 96–108.

25  Alexander wurde in der Vorstellung von generativen Systemen, neben dem *Team X* besonders durch den amerikanischen Linguisten Noam Chomsky beeinflusst, dessen Arbeiten, wie Alexander es ausdrückte, in dieser Zeit wie «eine Offenbarung» («a revelation») für ihn waren (wie Anm. 1, S. 24). Vgl. dazu Noam Chomsky: *Syntactic Structures,* Den Haag 1957.

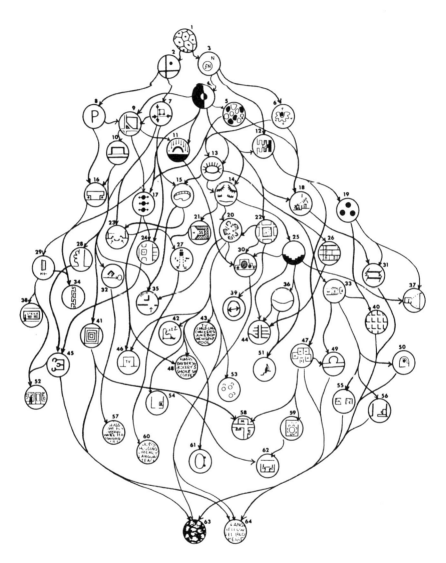

Abb. 3: Christopher Alexander, Netz der 64 Pattern für Mehrzweckzentren in San Francisco.

sich als ein topologischer Raum von Strukturen beschreiben lässt, ein Gebilde, das Alexander als «relational complexes in architecture»[26] bezeichnet [Abb. 3].

In *Design ist unsichtbar*[27], dessen Titel eine interessante Ableitung von Marshall McLuhans «Environments are invisible»[28] darstellt, liefert der Schweizer Stadtökonom und -planer Lucius Burckhardt die wahrscheinlich anschaulichste Beschreibung dazu: «Man kann die Welt als eine Welt von Gegenständen auffassen und sie einteilen in – zum Beispiel Häuser, Straßen, Verkehrsampeln, Kioske usw. Diese Einteilung hat Konsequenzen; sie führt eben zu der Auffassung von Design, welche ein bestimmtes Gerät (oder Objekt) abgrenzt. […] Wir können uns die Welt aber auch anders einteilen, und wenn ich die *Pattern Language* recht verstanden habe, so hat das Christopher Alexander dort versucht. Sein Schnitt liegt nicht zwischen Haus, Straße und Kiosk, um bessere Häuser, Straßen und Kioske zu bauen, sondern er schneidet den integrierenden Komplex *Straßenecke* gegen andere städtische Komplexe ab: Denn der Kiosk lebt davon, dass mein Bus nicht kommt und ich eine Zeitung kaufe, und der Bus hier hält, weil mehrere Wege zusammenlaufen und die Umsteiger gleich Anschluss haben. ‹Straßenecke› ist nur die sichtbare Umschreibung des Phänomens, darüber hinaus enthält es Teile organisatorischer Systeme: Buslinien, Fahrpläne, Zeitschriftenverkauf, usw. Auch diese Einteilung der Umwelt gibt einen designerischen Impuls. Aber dieser bezieht – im Gegensatz zum anderen – die unsichtbaren Teile des Systems ein.»[29]

In seiner Beschreibung akzentuiert Burckhardt die vermutlich wesentlichste Grundbedingung für das Verständnis eines auf Entwurfsmuster begründeten Bedeutungs- und Schönheitsbegriffs, egal wie man diese im Weiteren theoretisch definiert: das *Verwoben-Sein-mit-dem-Kontext*. Mit anderen Worten: «Strukturelle Kontextualisierung» als bedeutungsgenerierendes Gestaltungsprinzip. Genau darauf zielt letzten Endes der synthetische Aspekt in Alexanders *Mustersprache* ab, und genau dadurch wird auch der Begriff des Musters erst zu dem des ‹Entwurfsmusters›.

26  Christopher Alexander, Van Maren King, Sara Ishakawa, Michael Baker, Patrick Hyslop: «Relational Complexes in Architecture», in: *Architectural Record,* September 1966, S. 185–189; «verwandtschaftliche Komlexe in der Architektur».

27  Lucius Burckhardt: «Design ist unsichtbar», in: *Design ist unsichtbar,* hrsg. von Helmuth Gsöllintner, Angela Hareiter, Laurids Ortner, Wien 1981, S. 13–21. Vgl. auch Christopher Alexander: «Kunst und Design für das 21. Jahrhundert», in: Ebenda, S. 101–115.

28  «Environments are invisible. Their ground rules, pervasive structures, and overall patterns elude easy perception.» Marshall McLuhan: *The Medium is the Massage. An Inventory of Effects,* New York 1967, S. 68.

29  Ebenda, S. 15.

Abb. 4: Christopher Alexander veranschaulicht die Idee einer allumfassenden *Mustersprache* anhand von feinen und komplexen Mustern antiker Teppiche: «As a main part of my work, I have found it necessary to go deeper and deeper into the actual making of buildings. Not just the obvious structural part, but the fine-tuned fabric of which the building is made up. Its members, floors, roofs, wall patterns, floor details – in sum, the way the building is made at the microscopic level. [...] In short, the small structure, the detailed organization of matter conrols the macroscopic level at a way that architects have hardly dream of. [...] Thus the idea that when we make the world, we are trying to produce this endless structure, in which tiny organization of color and form produces the structure of the world – is literally and physically embodied in a carpet.» Christopher Alexander: *A Foreshadowing of 21st century art. The color and geometry of very early Turkish carpets,* New York, Oxford 1993, S. 7ff; «Als einen wichtigen Teil meiner Arbeit habe ich es für notwendig erachtet, tiefer und tiefer in die wirkliche Herstellung von Gebäuden vorzudringen. Nicht in den offensichtlichen Teil der Struktur, aber in das fein abgestimmte Gewebe, aus dem das Gebäude besteht. In seine Glieder, Stockwerke, Dächer, Mauermuster, in die Details der Stockwerke – mit einem Wort, in die Art, wie das Gebäude auf mikroskopischer Ebene hergestellt ist. [...] Kurz, die kleine Struktur, die dataillierte Organisation des Materials kontrolliert die makroskopische Ebene in einer Weise, wie es sich Architekten kaum vorstellen können. [...] Wenn wir die Welt erschaffen, versuchen wir, diese endlose Struktur herzustellen, in der die kleine Einheit von Farbe und Form die Struktur der Welt ergibt. Dieser Gedanke kommt ganz klar in einem Teppich zum Ausdruck.» (Übersetzung: Thomas Menzel).

«I am trying to make a building which is like a smile on a person's face [...]»[30], erklärte Alexander einmal etwas kryptisch sein übergeordnetes Ziel und bediente sich einer schon beinahe transzendenten Metapher, um seinem Glauben Ausdruck zu verleihen, wie sehr es ihm bei dem Prozess des Synthetisierens um das *Sichtbarmachen* einer verborgenen, metaphysischen Ordnung geht [Abb. 4]. «For me, the beauty of a thing is not in how it looks. It has to do with how it is.»[31] Dass Alexander bei all seinen Versuchen, sich dieser platonischen Idee durch die Formalisierung generativer Regelwerke und einem auf partizipatorischen Denkmodellen beruhenden Begriff von Vielfalt zu nähern, bis heute einem gewissen Dogmatismus unterliegt, sollte nicht darüber hinwegtäuschen, dass er schon früh eine Alternative zu der cartesianischen Ästhetik der Architektur der Moderne formulierte.

**Warum der Musterbegriff momentan mächtiger ist als jedes *neue Ornament***
Man muss nicht weit suchen: Es scheint nicht nur so, als feiere man in der Architektur momentan ein Comeback von Alexanders Entwurfsmuster auf der geometrischen Ebene parametrischer Modelle[32], sondern als sei man dazu außerdem regelrecht auf der Suche nach einem «neuen Ornament»[33], ob auf der Ebene von computergenerierten Gebäudestrukturen oder eher mit dem Anspruch einer groß angelegten ornamenttheoretischen und -historischen Reflexion. In den aktuellen Ornamentdiskursen wird die Frage gestellt, ob jedes digital erzeugte, ‹computergesteuerte, repetitiv-geometrische Element› wirklich immer schon das erhoffte «neue Ornament im digitalen Zeitalter»[34] darstellt oder ob es sich häufig nicht eher *lediglich* um Muster und Strukturen handelt. Der Begriff des Musters wird in diesem Zusammenhang also immer dann bemüht, wenn es bei der Frage nach Bedeutung um eine Abstufung im Vergleich zum Ornament geht. Ein Orna-

---

30  Siehe Anm. 23, S. 21; «Ich versuche ein Gebäude zu errichten, das wie ein Lächeln im Gesicht einer Person aussieht.» (Übersetzung: Thomas Menzel).

31  Ebenda, S. 56. Der Impuls, in diesem Kontext (erneut) über Schönheit nachzudenken, geht auf ein Gespräch mit Sokratis Georgiadis zurück. Hierfür möchte ich ihm herzlich danken.

32  Vgl. den Beitrag von Fabian Scheurer in diesem Band, S. 41–56.

33  Vgl. Francesca Ferguson: «Ornament neu aufgelegt», in: Oliver Domeisen und Francesca Ferguson (Hrsg.): *Ornament neu aufgelegt / Resampling Ornament*, Ausstellungskatalog des Schweizer Architekturmuseum (SAM), Basel 2008.

34  Jörg H. Gleiter: «Zur Genealogie des neuen Ornaments im digitalen Zeitalter. Eine Annäherung», in: wie Anmerkung 1, S. 78. Vgl. auch: Ders.: «Kritische Theorie des Ornaments», in: Ders.: *Architekturtheorie heute*, Reihe ArchitekturDenken, Band 1, Bielefeld 2008, S. 75–93.

ment ist seiner Struktur nach zwar immer auch ein Muster, ein Muster jedoch nicht zwangsläufig immer auch ein Ornament.

Der Begriff des *Musters,* so wie er vor diesem Hintergrund häufig diskutiert wird, hat kulturhistorisch also eine implizit schwächere Position als der Begriff des *Ornaments.*

Die erste These lautet daher, dass die aktuellen Diskurse um das *neue Ornament* oder das *digitale Ornament* zwar akademisch anspruchsvolle Abhandlungen sind, sich ihrem inneren Aufbau nach jedoch als starre Diskurse entpuppen, welche die Dynamiken des gegenwärtig in der Tat zu beobachtenden «grundlegenden Strukturwandels in der Architektur»[35] nur bis zu einem bestimmten Grad theoretisch zu fassen imstande sind. Zwar bezieht sich der deutsche Architekturtheoretiker Jörg H. Gleiter in seinen umfassenden Untersuchungen zum «neuen Ornament im digitalen Zeitalter» auf Gottfried Sempers *Über Baustile* und seine darin ausgearbeitete Feststellung, «dass das Ornament die Entstehungsbedingungen der Architektur, ihr Gemachtwerden und Gemachtsein zur Anschauung bringe»[36], doch wird dadurch letztendlich nur versucht, den Ornamentbegriff zu erweitern, indem man ihn auf eine konstruktive Ebene zieht und an digitale Fertigungstechnologien koppelt. Diese Verknüpfung ist gewiss legitim. Ein immer öfter diskutiertes Merkmal der heutigen Architekturproduktion wird tatsächlich in der zunehmenden Dominanz von computergesteuerten Konstruktions- und Fabrikationsverfahren liegen: Reine Entwurfsprozesse werden nicht mehr von reinen Produktionsprozessen getrennt, was Gleiter mit Blick auf den französischen Architekturhistoriker Mario Carpo als «interaktive Verknüpfung zwischen Design- und Konstruktionsverfahren» bezeichnet. Wenn also in den «algorithmischen Programmen der digitalen Technologien»[37] der wesentliche Baustein auf dem Weg zu einer Definition des *neuen Ornaments* gesehen wird, so wird zwar der formale Raum, in welchem sich die Architektur bewegt, als der einer «symbolischen Maschine»[38] gekennzeichnet, es wird jedoch nichts darüber

35  Siehe Gleiter: «Zur Genealogie des neuen Ornaments im digitalen Zeitalter», in: wie Anm. 1, S. 78.
36  Siehe Anm. 35, S. 80.
37  Siehe Anm. 35, S. 82.
38  «Jeder Vorgang, der formal beschreibbar ist, kann als Operation einer symbolischen Maschine dargestellt und – im Prinzip – von einer wirklichen Maschine ausgeführt werden.» Sybille Krämer: *Symbolische Maschinen. Die Idee der Formalisierung in geschichtlichem Abriss,* Darmstadt 1988, S. 3.

gesagt, inwiefern sich daraus auch die Notwendigkeit für eine Erweiterung architektonischer Fragestellungen ergibt.

Eine weitere These knüpft deshalb direkt an die erste an und bezieht sich auf den derzeit unsicheren, theoretischen Blick auf computergenerierte Architektur. Durch das Präzisieren und schließlich Definieren eines historisch wie auch immer begründeten *digitalen Ornaments* erhofft man sich deshalb, «Architekturen zu interpretieren, die bisher rätselhaft erschienen und sich einer eindeutigen Bewertung entzogen».[39] So besteht die zweite These in einer direkten Zurückweisung dieses hier erhofften Interpretationsraums. Mit Blick auf den globalen Aktionsradius der Informationstechnologien argumentiert sie vielmehr, dass durch den Begriff des *neuen Ornaments* es ebenso fraglich erscheint, zum ersehnten erweiterten Interpretationsraum zu gelangen, wie zur Erfüllung des etwas befremdlichen Wunsches nach einer «eindeutigen Bewertung» von Architektur.

Mit anderen Worten: Wie kann man in einem Atemzug von der globalen Dimension eines «digitalen Zeitalters» und den damit einhergehenden tiefenstrukturellen Veränderungen sprechen, dann aber die mit den Werkzeugen dieser Zeit entworfene und produzierte Architektur dadurch zu ergründen hoffen, dass man mit Begriffserweiterungen hantiert, die sich lediglich auf den Grad des *Neuen* oder die Technik des *Digitalen* beschränken?

Die dritte These schließlich, zu welcher sich die beiden ersten argumentativ zusammenfügen, geht von der Vermutung aus, dass sich die tiefenstrukturellen Veränderungen des informationstechnologischen Einflusses auf die Architektur besser begreifen lassen, wenn man seine Überlegungen mit dem Muster- und nicht mit dem Ornamentbegriff beginnt. Man vollzieht also eine Art Rochade, bei welcher der Akzent zwischen zwei verschiedenartigen, jedoch miteinander verwandten Begriffen verschoben wird.

Hinter diesen drei Thesen steht die Auffassung, dass man in einer technisch vernetzten Welt die darin – aber auch die dafür – entworfene Architektur gründlicher mit solchen Strukturbegriffen reflektieren kann, die sich erstens in ihrer Bedeutung so weit wie möglich abstrahieren und sich zweitens so gut es geht operationalisieren lassen. Diese Kriterien erfüllt der Begriff des *Musters*

---

39  Siehe Anm. 8. Als Beispiele für das *neue Ornament* werden das überdimensionale Traggerüst von Arata Isozakis Entwurf für den neuen Bahnhof von Florenz herangezogen, ebenso wie der DAM-Pavillon von Barkow/Leibinger.

durch sein Bedeutungspotenzial als formalisierbares Entwurfsmuster viel eher als der des *Ornaments*. Es scheint, als würde in der digitalen Architekturproduktion die von Alexander noch in Handarbeit sorgfältig herausgearbeitete Sprache der Strukturen und Muster inzwischen gesprochen, wenngleich auch ihr Klangbild noch ein rein technisches und ihre Rhetorik damit noch überwiegend die des Machbaren ist. Es wäre deshalb daran zu zeigen – so ließe sich an dieser Stelle weiterdenken –, wie man nun das humane und soziale Moment aus Alexanders so verheißungsvoller Welt der Muster für die Architektur wieder beleben und weiterhin kritisch aufrechterhalten könnte.

Fabian Scheurer

# ARCHITEKTURALGORITHMEN UND DIE RENAISSANCE DER ENTWURFSMUSTER

«Each pattern describes a problem which occurs over and over again in our environment, and then describes the core of the solution to that problem, in such a way that you can use this solution a million times over, without ever doing it the same way twice»[1], schrieb Christopher Alexander 1977 in *A Pattern Language.* Damit schuf er die Grundlage für eine formale Interpretation und Abstraktion des architektonischen Entwurfsprozesses, die unter dem Begriff *Entwurfsmuster (Design Pattern)* bekannt wurde. Dahinter verbirgt sich die grundlegende Idee, wiederkehrende Probleme im architektonischen Entwurfs- und Planungsprozess, die sogenannten *Problem-Muster,* situativ oder funktional zu abstrahieren und entsprechenden *Lösungs-Mustern* zuzuordnen. Da sich dabei die einzelnen Muster aufeinander beziehen, bildet sich ein komplexes, hierarchisches Netzwerk aus insgesamt 253 miteinander verknüpften Mustern, das in seiner Gesamtheit eine formale Handlungsanleitung für den architektonischen Entwurfsprozess darstellen soll. Alexanders *Pattern Language* sorgte international für Aufsehen. Den Sprung in die architektonische Praxis schaffte sie jedoch nicht.

Zehn Jahre nach Alexanders Veröffentlichung übertrugen die beiden amerikanischen Computerspezialisten Kent Beck und Ward Cunningham seinen Ansatz auf Probleme der Software-Entwicklung.[2] Dadurch gelangte die ursprünglich als architektonische Entwurfsmethode entwickelte *Pattern Language* in die Welt der Informatik, welche sich zu diesem Zeitpunkt durch die Einführung der sogenannten *objektorientierten* Programmiersprachen[3] mitten in einem Paradig-

---

1   Christopher Alexander, Sara Ishikawa und Murray Silverstein: *A Pattern Language,* New York 1977, S x. Deutsche Ausgabe: *Eine Muster-Sprache. Städte, Gebäude, Konstruktion,* Wien 1995, S. x: «Jedes Muster beschreibt zunächst ein in unserer Umwelt immer wieder auftretendes Problem, beschreibt dann den Kern der Lösung dieses Problems, und zwar so, dass man diese Lösung millionenfach anwenden kann, ohne sich je zu wiederholen.»
2   Kent Beck und Ward Cunningham: *Using Pattern Languages for Object-Oriented Programs,* Technical Report No. CR-87–43, 1987.
3   Im Unterschied zu ihren Vorgängern, bei denen die gespeicherten Daten und die Funktionen zu ihrer Bearbeitung als getrennte Einheiten behandelt wurden, vereinen objektorientierte Programmiersprachen beide Teile in sogenannten Objekten. Der einzige Weg, die gespeicherten Daten (Eigenschaften) eines Objekts zu ändern, führt über die Methoden, die das Objekt selbst zur Verfügung stellt. Das Innenleben des Objekts, die Implementierung der eigentlichen Funktionalität, ist vor den neugierigen

41

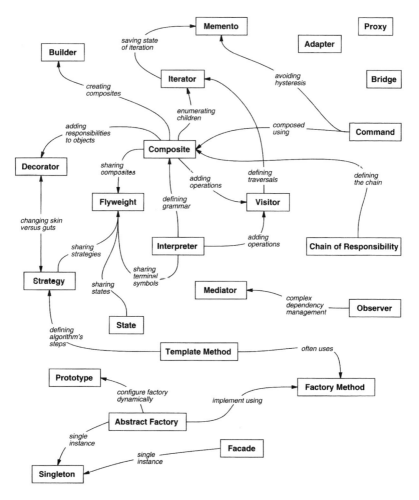

Abb. 1: Gamma et al.: *Design Patterns* (siehe Anm. 5): Die 23 Software-Design-Patterns und ihre Interaktionen.

menwechsel befand [Abb. 1]. Die Übertragung der *Pattern Language* in die Informatik wurde vor allem durch den Schweizer Informatiker Erich Gamma geleistet, der gemeinsam mit seinen amerikanischen Kollegen Richard Helm, Ralph Johnson und John Vlissides[4] 1994 das bis heute gültige Standardwerk *Design Patterns: Elements of Reusable Object-Oriented Software* publizierte.[5] Während in der Architektur, «gemessen an ihren eigenen Zielen, [...] die Pattern Language ein eklatanter Misserfolg [war]»[6], wurde sie in der Informatik zu einem äußerst effektiven und erfolgreichen Konzept der Software-Entwicklung. Die Frage, warum dieses Konzept der Musterbildung in der Architektur erst einmal gescheitert war, wurde zwar aufseiten der Architekten durchaus diskutiert, nicht aber, warum es sich für den Entwurf von Software offensichtlich sehr viel besser eignet als für den Entwurf von Architektur.

Heute, das heißt mehr als dreißig Jahre nach der Veröffentlichung von *Pattern Language,* scheint es, als würden Alexanders Entwurfsmuster nach ihrem erfolgreichen Ausflug in die Informatik wieder in ihre Ausgangsdomäne der Architektur zurückfinden – allerdings auf einer völlig anderen Betrachtungsebene. Den Weg dieser Rückführung anhand einiger Beispiele aufzuzeigen soll daher Gegenstand der folgenden Überlegungen sein. Dabei wird wesentlich mehr von Programmierung als von Architektur die Rede sein. Umso aufschlussreicher ist es – trotz oder gerade wegen der offensichtlichen Unterschiede zwischen Architektur-Entwurf und Software-Design –, den Rückschluss zu versuchen und zu fragen: Wo gibt es Analogien in den beiden Prozessen? Können Entwicklungen aus der Informatik hilfreich sein, um neue Ideen für den Prozess des Entwerfens und Bauens von Architektur zu entwickeln? Oder gibt es im Grenzbereich zwischen beiden Spezialgebieten, dem *Computer-Aided Design,* Einsatzmöglichkeiten für Entwurfsmuster?

---

Augen der Außenwelt vollständig verborgen (die Programmierer sprechen von Kapselung). Das hat den Vorteil, dass der innere Aufbau eines Objekts jederzeit geändert werden kann (z.B. durch Verwendung eines effizienteren Algorithmus), ohne dass Nachbarobjekte davon betroffen sind. Vgl. Alan C. Kay: «The early history of Smalltalk», in: *ACM SIGPLAN notices,* Band. 28, Nr. 3, Association for Computing Machinery, New York 1993, S. 69 ff.

4   Sie sind auch unter dem Namen *Gang Of Four* bekannt.

5   In Anlehnung an Alexander definierten sie darin 23 Erzeugungs-, Struktur- und Verhaltensmuster der Softwareprogrammierung. Erich Gamma, Richard Helm, Ralph Johnson und John Vlissides: *Design Patterns – Elements of Reusable Object-Oriented Software,* Amsterdam 1994.

6   Christian Kühn: «Christopher Alexanders Pattern Language», in: *Arch+,* Nr. 189, 2008, S. 27.

Abb. 2: Die 253 Architektur Design-Patterns und ihre Beziehungen untereinander. Christopher Alexander: *Pattern Language*.

### Eine Frage der Abstraktion

Vergleicht man Alexanders *Pattern Language* mit den *Design Patterns* von Gamma, so fällt zunächst ein quantitativer Unterschied auf: Bei Gamma werden 23 Software-Entwurfsmuster beschrieben, unterteilt in drei thematische Gruppen; bei Alexander sind es drei Gruppen mit 36 Untergruppen und insgesamt 253 Entwurfsmustern [Abb. 2]. Auch wenn sich Software und Architektur nur begrenzt vergleichen lassen, drängt sich die Frage auf, warum zum Entwerfen des einen elfmal weniger Entwurfsmuster benötigt werden als zum Entwerfen des anderen.

Bei genauem Hinsehen werden große qualitative Unterschiede zwischen den beiden Ansätzen deutlich: Alexander unterteilte seine Muster nach ihrer Maßstäblichkeit in drei Gruppen: Städtebau, Gebäude und Konstruktion. Allein für die verschiedenen Raumfunktionen in einem Wohnhaus definiert er zehn Entwurfsmuster: von der Wohnküche bis zum Abstellraum. Alle seine Muster beruhen auf Kriterien, die für den Nutzer (Bewohner) des Hauses wichtig sind. Bei Gamma wird zwar auch ein konkretes Anwendungsprogramm als erklärendes Beispiel verwendet, die Entwurfsmuster sind jedoch grundsätzlich unabhängig von der Art und der Größe der Software und ihrer spezifischen Anwendung konzipiert.[7] Sie beziehen sich lediglich auf die Abhängigkeiten und den Informations- und Kontrollfluss innerhalb der Software, nicht aber auf eine konkrete Applikation wie zum Beispiel Textverarbeitung, Zeichenprogramm oder Tabellenkalkulation. Dementsprechend sind diese Muster auch unabhängig von den Anforderungen der Benutzer und beziehen sich auf Kategorien, die vor allem für den Programmierer der Software wichtig sind. Die Entwurfsmuster für Software und Architektur unterscheiden sich also bedeutend in Bezug auf die Maßstäblichkeit, den Grad der Abstraktion und die Zielgruppe innerhalb des Gebietes.

### Skalierbarkeit versus Maßstab

Wenden wir uns zunächst dem Problem des Maßstabs zu. Alexanders Entwurfsmuster umfassen die enorme Bandbreite von der Stadtentwicklung bis zur Konstruktion. Die untersuchten Strukturen reichen vom Kilometer- zum Millimeterbereich über sechs Größenordnungen! Selbst wenn sich einige Grundprinzipien unabhängig vom Maßstab betrachten lassen und – was Alexander

---

7   Als Beispiel dient ein sogenannter WYSIWYG-Editor (What you see is what you get), mit dem Texte und Bilder bearbeitet und angeordnet werden können. Gamma, wie Anm. 5, S. 33.

besonders wichtig ist – alles auf den Grundmaßstab *Mensch* bezogen wird, ist es mehr als erstaunlich, dass seine Entwurfssprache trotz ihres universellen Anspruchs mit nur 253 Mustern auskommt.

Auch bei Computersystemen gibt es vergleichbare Betrachtungsstufen. Eines der Grundprinzipien in der Informatik ist das Unterteilen komplexer Gesamtsysteme in aufeinander aufbauende Schichten, so zum Beispiel in *Hardware, Betriebssystem* und *Applikation.* Der große Unterschied zur Architektur besteht darin, dass innerhalb dieser Schichten trotz des unterschiedlichen Abstraktionsniveaus immer dieselben Bausteine und Methoden benutzt werden. Ein Hardware-Treiber, ein Betriebssystem und ein Textverarbeitungssystem können in ein und derselben Programmiersprache implementiert werden. Die Schichten stellen also keinen Wechsel der Größenordnung dar, sondern dienen als Ordnungsprinzip und damit vor allem dazu, einzelne Verantwortlichkeiten sauber voneinander zu trennen und nur über definierte Schnittstellen zugänglich zu machen. Auf diese Weise ist es erst möglich, ein Programm auf verschiedenen Betriebssystem-Hardware-Kombinationen laufen zu lassen. Moderne Programmiertechniken erlauben sogar, komplette Anwendungsprogramme als Objekte zu betrachten und so zum Beispiel eine Tabellenkalkulations-Software wieder als Objekt in ein anderes Programm einzubauen.[8] Das bedeutet, dass die Programmstruktur, unabhängig von der Detaillierungsstufe, *selbstähnlich* ist. Software kann, zumindest zum Zeitpunkt ihrer Programmierung, praktisch beliebig skaliert werden, ohne dass die zugrunde liegenden Muster geändert werden müssten – im Gegensatz zur Architektur, bei der sich die Methoden mit den jeweiligen Maßstäblichkeiten grundlegend ändern.

### Abstraktion versus Applikation
Alexanders Muster beziehen sich zum großen Teil auf konkrete Anwendungsprobleme aus der Sicht der Endbenutzer – der Bewohner. Es geht um die Bedürfnisse von Familien, Paaren, Einzelpersonen, Meistern und Lehrlingen, Kindern und Teenagern, und an manchen Stellen werden sogar quantitative Festlegungen getroffen, wie zum Beispiel die maximale Anzahl der Stockwerke im Muster Nr. 21

---

8    In der objektorientierten Programmierung lässt sich aufgrund der Kapselung die Frage nach dem Aufwand (der Anzahl der Programmzeilen), die zur Implementierung eines Objekts nötig sind, nicht von außen klären. Die Größe eines Objekts definiert sich folglich durch die Anzahl seiner Methoden.

*Four-Story Limit*[9]. Im Gegensatz dazu sind Gammas Software-Entwurfsmuster völlig losgelöst von der eigentlichen Anwendung und hüten sich vor jeder quantitativen Aussage.[10] Die Muster sind nicht nur unabhängig vom Maßstab, sondern auch vom Zweck und der Größe der Software. Sie lassen sich ohne Änderungen bei der Entwicklung von Textverarbeitungssystemen, CAD-Programmen, oder MP3-Playern anwenden. Und sie betreffen auch nicht die Gestaltung und die Funktionalität der Benutzeroberfläche, sondern ausschließlich deren Implementierung im inneren System der Software.

Damit wird einmal mehr deutlich, dass die grundlegende Motivation hinter den Software-Patterns die Abstraktion von konkreten Applikationen und Quantitäten ist. Sie dienen vor allem dazu, Lösungswege für eines der wesentlichen Probleme der Software-Entwicklung zu schaffen: die strikte Trennung zwischen Programmierung und Ausführung.[11] Für die Architektur ist es trotz aller Fortschritte in der computergesteuerten Präfabrikation nicht vorstellbar, dass bei einem Projekt (gleich welcher Größenordnung) die Planung vollständig abgeschlossen und dokumentiert ist, bevor eine Maschine damit beginnt, diesen Plan automatisch und ohne menschliches Eingreifen in gebaute Realität zu übersetzen. Genau das aber geschieht bei der Herstellung von Software: Computerprogramme werden in einer Programmiersprache formuliert und danach automatisch in ein ausführbares Programm übersetzt (kompiliert[12]). Aufgrund ihres Abstraktionsgrades können sie entwickelt werden, ohne dass viel über die konkrete Verwendung zur Laufzeit bekannt ist. Der Programmierer wird dabei versuchen, so wenige Festlegungen wie möglich zu treffen und möglichst viele konkrete Entscheidungen auf die Laufzeit zu verschieben. Gleichwohl müssen aber alle Objekte und ihre Methoden bereits in einer eindeutigen formalen Sprache beschrieben werden, denn nur so kann die automatische Übersetzung des Programmcodes später erfolgreich durchgeführt werden.

9  «In any urban area, no matter how dense, keep the majority of buildings four stories high or less. It is possible that certain buildings should exceed this limit, but they should never be buildings for human habitation.» Alexander, wie Anm. 1, S. 119. Deutsche Ausgabe: Alexander, 1995, S. 125: «Lass in jedem beliebigen Stadtgebiet, ob dicht bebaut oder nicht, die Mehrzahl der Gebäude nur mit einer Höhe von vier Geschossen oder weniger zu. Bestimmte Gebäude mögen dieses Limit überschreiten; das sollten aber niemals Wohngebäude sein».

10  Außer beim Muster *Singleton,* welches sicherstellt, dass es von einer Klasse exakt *ein* Exemplar gibt. Siehe Anm. 5, S. 127.

11  Der Zeitpunkt der Ausführung ist die *Laufzeit* (engl. *Run-Time*).

12  Engl. *Compilation.* Der Zeitpunkt (nicht die Dauer!) der Übersetzung ist die *Übersetzungszeit.*

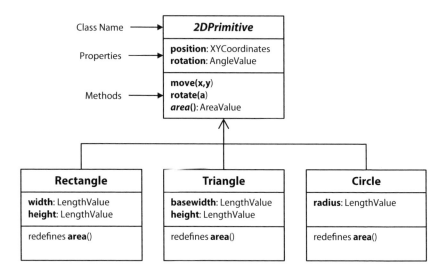

Abb. 3: In der abstrakten Klasse *2DPrimitive* werden diejenigen Eigenschaften und Methoden definiert, die für alle Unterklassen gelten. Die drei Unterklassen *Rectangle*, *Triangle* und *Circle* erben diese und erweitern sie um ihre speziefischen Eigenschaften. Die Methode *area* zur Berechnung der Fläche ist in allen Klassen vorhanden. Sie wird aber in jeder Unterklasse redefiniert, weil die Art der Berechnung für jede geometrische Form eine andere ist.

Objektorientierte Programmiersprachen lösen dieses Problem, indem sie keine konkreten Objekte, sondern Objektklassen definieren, aus denen erst zur Laufzeit konkrete Exemplare[13] abgeleitet werden. Schwierig wird die Sache allerdings, wenn während der Entwicklung noch nicht bekannt ist, welcher Klasse die später erzeugten Objekte angehören werden und in welcher Weise diese sich gegenseitig beeinflussen sollen. Um Objekte verschiedener Klassen trotzdem gleich behandeln zu können, definiert die objektorientierten Programmierung einen besonderen Abstraktionsmechanismus: die *Vererbung*. Klassen können von Oberklassen abgeleitet werden und *erben* alle Eigenschaften und Methoden dieser übergeordneten Klasse. Dadurch können alle Exemplare der Unterklassen ohne weiteres Zutun mit derselben Oberklassen-Methode manipuliert werden [Abb. 3].

Das Definieren solcher Klassen-Taxonomien und ihre intelligente Verknüpfung ist eine der Hauptaufgaben beim Entwurf objektorientierter Software; sie kann bei komplexen Anwendungen, zum Beispiel bei grafischen Benutzeroberflächen für verschiedene Laufzeitumgebungen[14], sehr schnell unübersichtlich werden. Genau hier setzen die Software-Entwurfsmuster an, indem sie für wiederkehrende Probleme entsprechende Lösungsmuster vorschlagen, mit deren Hilfe sich konkrete Festlegungen auf die Ausführungszeit verschieben lassen.[15]

Auch im Prozess des Architekturentwurfes tauchen an vielen Stellen solche zeitlichen Probleme auf. Zum Beispiel werden Entscheidungen über die Form eines Gebäudes oft vor den Entscheidungen über Konstruktion und Fertigungsmethode getroffen, was bei Standard-Bauaufgaben durchaus sinnvoll sein kann, aber zu Problemen führt, sobald es keine Standard-Lösung gibt [Abb. 4]. Wollte man hier Entwurfsmuster verwenden, müsste man die *Pattern Language* entsprechend erweitern, was Alexander zwar explizit vorschlägt[16], aber zu einer gewissen

---

13  Oft wird die deutsche Bezeichnung *Instanz* verwendet, aber wie in der deutschen Ausgabe von Gammas Buch überzeugend dargelegt wird, trifft *Exemplar* den Kern der Sache besser.

14  Eine Software-Schicht die es ermöglicht, dass ein und dasselbe Programm auf verschiedenen Hardware- und Betriebssystem-Kombinationen (plattformunabhängig) ausgeführt werden kann.

15  Ein interessantes Beispiel ist hier das Muster «Abstrakte Fabrik», siehe Anm. 5, S. 87.

16  «If there are things you want to include in your project, but you have not been able to find patterns which correspond to them, then write them in, at an appropriate point in the sequence, near other patterns which are of about the same size and importance», Alexander, wie Anm. 1, S. XXXIX. Deutsche Ausgabe: Alexander, 1995, S. XL: «Dinge, die in das Projekt einbezogen werden sollen, aber nicht als entsprechende Muster vorzufinden waren, schreib an passender Stelle in die Liste zu anderen Mustern, die etwa die gleiche Größe und Wichtigkeit haben».

Abb. 4: Zaha Hadid: *Hungerburgbahn,* Innsbruck. Die Form vor der Konstruktion: Die Konstrukteure fanden erst durch aufwendige Versuche heraus, wie man Hadids Entwürfe für die vier Stationen der Innsbrucker Hungerburgbahn realisieren konnte.

Beliebigkeit führen könnte. Oder man müsste das Abstraktionsniveau der *Software-Design-Patterns* auf die Architektur übertragen und statt einer konkreten Bauaufgabe den Entwurfs- oder Bauprozess im Allgemeinen organisieren. Dass hieße aber auch, Muster für die Interaktion zwischen den daran beteiligten Parteien und ihre Rollen zu definieren und damit den Architekten eher auf seine Funktion als Projektleiter denn die des Entwerfers zu verweisen.

### *Top-down* versus *Bottom-up*

Warum sind Alexanders Entwurfsmuster so konkret? Eine seiner erklärten Absichten war es, mit den Entwurfsmustern die Endbenutzer zum Entwerfen ihrer eigenen gebauten Umgebung zu befähigen. Ohne dass er den Begriff explizit benutzt hätte, wird klar, was seine Idealvorstellung von Architektur ist: die Emergenz! Aus dem Zusammenwirken der Vielzahl lokaler und individueller Eingriffe durch die Beteiligten soll sich das große Ganze entwickeln, ein globales Muster, dessen Qualität sich durch alle Maßstabsebenen zieht und mehr als die Summe seiner Teile ist: «This quality in buildings and in towns cannot be made, but only generated, indirectly, by the ordinary actions of the people, just as a flower cannot be made, but only generated from the seed.»[17] Dieser *Bottom-up*-Ansatz wurde praktisch parallel zur Entstehung von *A Pattern Language* sowohl in der Systemtheorie als auch als Forschungsgebiet innerhalb der Informatik populär.

Die in diesem Zusammenhang viel beachteten Veröffentlichungen zu «Evolutionären Strategien»[18] des deutschen Informatikers Ingo Rechenberg und «Genetischer Programmierung»[19] des amerikanischen Computerwissenschaftlers John Holland stammen aus derselben Zeit und mögen Alexander beeinflusst haben.[20]

Tatsächlich jedoch hat der *Bottom-up*-Ansatz mit der täglichen Arbeit der Software-Ingenieure nicht viel zu tun. In weiten Bereichen ist Programmieren ein *Top-down*-Prozess: große Probleme werden so lange reduziert und in immer kleinere zerlegt, bis sie gelöst werden können. Begleitet von gründlichen Testphasen formieren sich die Teillösungen dann schrittweise zu einer Gesamtlösung. Nur in

---

17  Christopher Alexander: *A Timeless Way of Building,* New York 1979, S. 157.
18  Vgl. Ingo Rechenberg: *Evolutionsstrategie – Optimierung technischer Systeme nach Prinzipien der biologischen Evolution* (PhD-Thesis), 1971.
19  Vgl. John H. Holland: *Adaptation in natural and artificial systems: an introductory analysis with applications to biology, control, and artificial intelligence,* Ann Arbor 1975.
20  Christopher Alexander hat sowohl Architektur als auch Mathematik studiert.

Abb. 5: Bottom-up-Design: Der Pavillon der ETH Zürich an der Swissbau-Messe 2005. Die Struktur dieses Pavillons wurde mit Hilfe eines *Artificial-Life*-Verfahrens optimiert. Die Form des Vierecknetzes entsteht in einem dynamischen Prozess aus der Interaktion der einzelnen Netzknoten untereinander und mit ihrer Umgebung (den Öffnungen und der Kugeloberfläche). Dabei werden nach bestimmten Regeln solange Knoten verschoben und hinzugefügt bis bestimmte konstruktive Vorgaben erfüllt sind.

einigen wenigen Bereichen, bei denen die Lösungsräume sehr groß sind, werden *Bottom-up*-Verfahren wie beispielsweise *Genetische Algorithmen* zur Optimierung verwendet, allerdings mit der gebotenen Vorsicht. In den wenigsten Fällen besitzen sie nämlich die wichtigste Eigenschaft eines guten Algorithmus: die Robustheit, auch unter schwierigen Startbedingungen in der gegebenen Zeit zu einer Lösung zu führen und darüber hinaus bei gleichen Startbedingungen auch möglichst immer zur selben Lösung zu gelangen.[21]

Trotz alledem wird in jüngster Zeit auch in der Informatik das *Bottom-up*-Prinzip populär [Abb. 5]. Partizipative Software hat unter dem Stichwort *Web 2.0* die Mitwirkung des Benutzers zum Prinzip erhoben. Zum Schaffen von Nachschlagewerken wie *Wikipedia* wird die kollektive Intelligenz der Benutzer kanalisiert und zum Sammeln und Filtern erstaunlicher Datenmengen genutzt. Aber lassen wir uns davon nicht täuschen: Das alles geschieht nicht beim Entwurf, sondern zur Laufzeit der Software. Das, was den Anwendern dabei in Form einer grafischen Benutzeroberfläche die Interaktion mit den darunterliegenden Objekten ermöglicht, mag zwar das Ergebnis von Entwurfsmustern sein. Aber weil die Anwender die Software erst nach der Übersetzung zu sehen bekommen, werden sie keinen direkten Kontakt mit diesen Entwurfsmustern haben.

### Modell, Geometrie und Bedeutung

Sowohl in der Architektur als auch in der Informatik geht es um spezifische Ausschnitte der Realität: Ob nun bei gebauter Architektur oder funktionierender Software – jedes Mal geht es um die Erfüllung eines realen Zwecks. Doch wie sieht der Bezug zu dieser Realität während des Entwurfes aus? Herkömmliche CAD-Pläne enthalten, ebenso wie Papierpläne, nur Linien und Symbole. Selbst dreidimensionale CAD-Modelle bestehen nur aus geometrischen Objekten. Dabei wird ausschließlich das Endergebnis des architektonischen Entwurfsprozesses gespeichert, das heißt eine geometrische Repräsentation. Diese enthält noch keine explizite Information über den Sinn und Zweck der verwendeten Objekte und Symbole.[22]

---

21  Man kann sich leicht vorstellen, dass gerade Letzteres, nämlich immer zur selben Lösung zu kommen, in der Architektur nicht gewünscht ist! Das erklärt vielleicht, warum Architekten seit jeher von den Methoden des *Artificial Life* besonders fasziniert sind – auch wenn sie fast so selten erfolgreich im Entwurf angewendet wurden wie Christopher Alexanders Entwurfsmuster. Vgl. John H. Frazer: *An Evolutionary Architecture*, London 1995.

22  Deren Bedeutung muss vom Betrachter erst interpretiert werden, wozu menschliche Intelligenz und Sachverstand nötig sind – was eine maschinelle Verarbeitung solcher Pläne praktisch ausschließt.

Dies allerdings könnte sich bald ändern: Eine paradigmatische Rolle spielen in diesem Zusammenhang die sogenannten *Building Information Models* (BIM). In diesen Modellen wird nicht nur die *Geometrie* von Gebäudeteilen, sondern auch deren *Bedeutung* gespeichert.[23] Grundlage ist auch hier das Prinzip der Objektorientierung. So verfügt beispielsweise ein *Wand-Objekt* über die Informationen zu seiner Beschaffenheit wie *Dicke, Höhe* und *Länge*. Ein entsprechendes *Tür-Objekt* kennt darüber hinaus nicht nur seine eigenen Eigenschaften, sondern auch das Wand-Objekt, in dem es sitzt. Auf diese Weise entsteht nicht nur eine geometrische Abbildung des Entwurfes, sondern ein semantisches Modell, das auch von Maschinen erfasst und evaluiert werden kann – wodurch auf vielfältige Weise Informationen automatisch extrahiert werden können, die beim Erstellen des Modells gar nicht explizit definiert wurden.[24]

Der nächste Schritt in dieser Entwicklung besteht darin, nicht nur die *Eigenschaften* und die *Bedeutung* der Objekte, sondern auch ihre *Entstehung* in dem Modell zu speichern. Das geschieht durch eine Auswertung der einzelnen Abhängigkeiten, die zwischen diesen Objekten bestehen: Kennt beispielsweise ein Tür-Objekt das Wand-Objekt, in dem es sitzt, ist es ihm möglich, die Breite seines Türrahmens automatisch der Dicke der Wand anzupassen. Die Eigenschaften der Objekte werden so zu Parametern, die von anderen Objekten manipuliert und angepasst werden können: Das Modell wird zu einem *assoziativen, parametrischen Modell.*

### Architekten entwerfen Algorithmen: Die Rückkehr der Entwurfsmuster?

Bei parametrischen Modellen handelt es sich genau genommen um Algorithmen. Dadurch verschieben sich einerseits die Ansprüche an die Entwerfer, denn viele Informationen, die bisher implizit in Plänen versteckt und von einem gewissen Interpretationsspielraum umgeben waren, müssen in parametrischen Modellen explizit formuliert werden. Andererseits gelten im Entwurf parametrischer Modelle dieselben Maßstäbe für Komplexität[25] und Berechenbarkeit[26] wie

23 Vgl. Chuck Eastman, Paul Teicholz, Rafael Sacks, Kathleen Liston: *BIM Handbook – A Guide to Building Information Modeling for Owners, Managers, Designers, Engineers, and Contractors,* New Jersey 2008.
24 Die konkreten Objekte, aus denen ein BIM-Modell aufgebaut ist, werden ebenfalls von Objektklassen abgeleitet, wofür es vorgefertigte Sammlungen gibt, wie zum Beispiel die Industry Foundation Classes (IFC).
25 Die algorithmische Komplexität ist nach dem russischen Mathematiker Andrei Nikolajewitsch Kolmogorow benannt, der das Maß von Komplexität über die möglichst komprimierte Beschreibung einer Zeichenkette definierte. Vgl. Kostas Terzidis: «Algorithmische Komplexität: Aus dem Nirgendwo», in:

in der Software-Entwicklung. Der naive Ansatz, möglichst alle vorhandenen Informationen in einem Modell zu speichern, führt im Allgemeinen nicht zu einer Lösung, sondern zu unhandlich komplexen und letztlich wertlosen Modellen. Für den architektonischen Kontext bedeutet dies: Die große Kunst beim Erstellen eines parametrischen Modells ist, das richtige Abstraktionsniveau zu finden, also nur die notwendigsten Informationen und Relationen ins Modell aufzunehmen und alles Überflüssige so weit wie möglich wegzulassen. Dieses Ziel des minimalen Modells verträgt sich leider nur bedingt mit dem Anspruch, auf Änderungen im Entwurf flexibel reagieren zu können. Die Auswahl der Parameter und ihrer Abhängigkeiten definiert bereits einen bestimmten Lösungsraum, innerhalb dessen sich das Modell bewegen kann. Weitergehende Änderungen bedingen einen Um- oder Neubau des Modells. Es müssen bereits früh weitreichende Entscheidungen getroffen werden, ohne dass die spätere Anwendung vollständig bekannt ist. Analog zur Software-Entwicklung könnten auch hier Design-Patterns ein hilfreiches Instrument sein, die richtige Abwägung zwischen Effizienz und Flexibilität zu treffen.

Der Entwurf assoziativer parametrischer Modelle ist ein neues Aufgabenfeld, das sich unmittelbar auf der Grenzlinie zwischen Informatik und Architektur befindet. Es entwickelt sich derzeit eine neue Berufsgattung auf diesem Gebiet sowohl innerhalb von Architektur- und Ingenieurbüros[27] als auch in unabhängigen Beratungsunternehmen[28]. Das Arbeiten mit parametrischen Modellen bedeutet für die Architektur einen Bruch mit der traditionellen Arbeitsweise des *Computer-Aided Architectural Design* als digitales Reißbrett. Dieser Bruch kommt, vergleichbar der Einführung der objektorientierten Programmierung in der Informatik, einem Paradigmenwechsel gleich. Die neuen Ansätze eröffnen völlig neue Möglichkeiten, so zum Beispiel die Überwindung der Standardisierung und

Andrea Gleiniger und Georg Vrachliotis (Hrsg.): *Komplexität. Entwurfsstrategie und Weltbild,* Reihe: *Kontext Architektur,* Basel, Boston, Berlin 2008, S. 75–88.

26  Unter Berechenbarkeit versteht man die Existenz eines Algorithmus, der in endlicher Zeit zu einer Lösung eines bestimmten Problems führt. Eng damit verknüpft ist die Frage, mit welchem Aufwand das Berechnen einer solchen Lösung verbunden ist (vgl. Alan M. Turing: *On computable numbers, with an application to the Entscheidungsproblem,* Proceedings of the London Mathematical Society, Reihe 2, Bd. 42, 1936, S. 230–265).

27  Zum Beispiel die *Specialist Modeling Group (SMG)* im Büro von Norman Foster oder die *Advanced Geometry Unit (AGU)* des Ingenieurbüros ARUP.

28  Hier wären der Spin-off Gehry Technologies des Architekten Frank Gehry sowie das Beratungsunternehmen designtoproduction zu nennen.

den Entwurf komplexer Fassadenformen, die aus Tausenden von individuellen Komponenten zusammengesetzt werden müssen. Aber wie in der Software-Entwicklung erreichen auch hier die dazu notwendigen Modelle sehr schnell einen zu hohen Grad an Komplexität und drohen, den gewonnenen Fortschritt wieder zunichte zu machen. Um diese Herausforderung beim Entwurf parametrischer Modelle in den Griff zu bekommen, ist ein fundiertes Wissen in allen betroffenen Domänen und ein hohes Maß an Erfahrung nötig – Fertigkeiten, die sehr zeitaufwendig zu erwerben und sehr schwierig zu vermitteln sind.

Die in Anlehnung an Alexander entwickelten Software-Design-Pattern waren in der Informatik ein probates Mittel, das den Programmierern half, genau dlese strukturellen Aufgaben zu lösen und sich wieder auf die wesentlichen, inhaltlichen Fragen zu konzentrieren. Es gibt bereits erste Versuche, Entwurfsmuster für die Erstellung von parametrischen Modellen zu formulieren[29], und angesichts der oben geschilderten Parallelen zur Software-Entwicklung scheint das ein vielversprechender Ansatz zu sein. Damit wird deutlich: Alexanders *Pattern Language* kehrt zur Architektur zurück – jedoch nicht als Hilfsmittel für den architektonischen Entwurf, sondern für die Beschreibung des Entwurfs in der formalen Sprache des assoziativen parametrischen Modells.

29  Vgl. Robert Woodbury, Robert Aish und Axel Kilian: «Some Patterns for Parametric Modelling», in: Brian Lilley und Philip Beesley: *Expanding Bodies – Proceedings of the ACADIA 2007 Conference*, Halifax 2007.

Christoph Hölscher
## ORIENTIERUNGS- UND VERHALTENSMUSTER IM GEBAUTEN RAUM

Wir erleben architektonische Räume, indem wir sie auf unterschiedlichste Art und Weise wahrnehmen und uns in ihnen bewegen; wir beleben sie durch unsere Anwesenheit. Das Orientieren in Gebäuden und Stadträumen ist eine Tätigkeit, der wir meist nur dann gewahr werden, wenn es schiefgeht, wenn wir uns verlaufen oder buchstäblich die Orientierung verlieren. Für den entwerfenden Architekten stellt ein Verstehen des menschlichen Orientierungsverhaltens daher aus ganz pragmatischen Gründen eine Herausforderung dar: Ein Gebäude oder ein städtisches Quartier, in dem sich die Menschen räumlich nicht zurechtfinden, wird schnell als unangenehm empfunden und kann zum Scheitern des architektonischen Konzepts und des damit verbundenen funktionalen Anspruchs führen.[1]

Im Bereich der sogenannten Mensch-Maschine-Interaktion ist die Idee von *Usability* seit den 1990er Jahren bekannt, und kaum ein erfolgreiches digitales Produkt wird heute ohne Benutzertest und -analyse zur Marktreife gebracht. Die Notwendigkeit, die kognitive Übereinstimmung zwischen einem entworfenen Designprodukt und dem Konsumenten herzustellen, ist selbstverständlich geworden.

Nicht so in der Architektur. Dafür gibt es sicher eine Fülle von Gründen, angefangen bei den ästhetischen und kreativen Ansprüchen, aber auch bei der Tatsache, dass Gebäude einer Vielzahl diverser Funktionen und Erwartungen gerecht werden müssen, während die Funktionen technischer Artefakte zumeist sehr viel eindeutiger im Voraus definiert werden können. Um menschliche Bewegungs- und Orientierungsprozesse in Gebäuden zu ermöglichen, zu kontrollieren oder zu unterstützen, verlässt sich der Architekt überwiegend auf seine Intuition. Dennoch lässt sich eine deutliche Parallele von Mensch-Maschine-Schnittstellen zu Mensch-Umwelt-Interaktionen erkennen. In Zeiten evidenz-basierter Ansätze im architektonischen Entwurf, beispielsweise von Krankenhäusern, erscheint es auch hier zunehmend geboten, die Erkenntnisse empirischer, insbesondere kognitionspsychologischer Forschung für den Gestaltungsprozess zu berücksichtigen und zumindest in einem wesentlichen Teilaspekt – nämlich dem der Orientierung des Menschen – auf eine wissenschaftliche Basis zu stellen.

---

1    Vgl. Gary W. Evans und Janetta Mitchell McCoy: «When buildings don't work: The role of architecture in human health», in: *Journal of Environmental Psychology*, 18, 1988, S. 85–94.

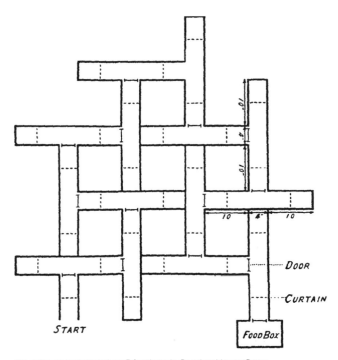

Abb. 1: Klassisches Labyrinth zur Erforschung der Raumkognition von Ratten.

Im Folgenden soll zunächst die historische Entwicklung des Wechselspiels von Psychologie, Architektur und Raum beleuchtet werden. Anschließend soll gezeigt werden, welche Möglichkeiten das moderne wissenschaftliche Analyserepertoire bietet, um im Anschluss auf die Herausforderungen einzugehen, welche die Integration wissenschaftlicher Evidenzen in architektonischen Entwurfsprozessen bedeutet.

### Der Weg von der Laborratte zum menschlichen Verhalten im Gebäude

Ein Blick in die Entwicklung der Forschung zu Verhalten und Kognition im architektonischen Raum über die letzten 60 Jahre macht deutlich, dass verschiedene Stränge seit den 1940er Jahren parallel entwickelt wurden und heute – auch dank leistungsfähiger digitaler Hilfsmittel – die Grundlage für das Verständnis von räumlichen Verhaltensmustern bilden.

Die empirische Untersuchung kognitiver Prozesse des räumlichen Lernens und des darauf aufbauenden Navigationsverhaltens wird in der Psychologie zumeist auf die frühen Arbeiten des amerikanischen Psychologen Edward Tolman zurückgeführt, der den Begriff der kognitiven Karte *(cognitive map)* geprägt hat.[2] In Tierexperimenten konnte er nachweisen, dass Ratten eben nicht – wie von der klassischen behavioristischen Lernpsychologie angenommen – einfache Reiz-Reaktionsmuster lernen, sondern eine durchaus komplexe «mentale Repräsentation» ihrer räumlichen Umgebung (im Experiment zumeist ein Labyrinth) aufbauen, die es ihnen in bestimmten Situationen sogar erlaubt, Abkürzungen zu suchen – ein Verhalten, das ohne mentale Repräsentation des Raumes kaum möglich wäre [Abb. 1]. Seither wurden Struktur und Inhalt dieser kognitiven Karte[3] bei Mensch und Tier in unzähligen Studien detailliert erforscht, wobei insbesondere deutlich wurde, dass die mentale Repräsentation kein getreues Abbild der räumlichen Umwelt darstellt, sondern systematischen Verzerrungen und Vereinfachungen unterliegt.[4]

---

2  Edward C. Tolman: «Cognitive Maps in Rats and Men», in: *Psychological Review,* 55(4), 1948, S. 189–208.

3  Obwohl der Begriff der kognitiven Karte dies nahelegt, ist die mentale Repräsentation in unseren Köpfen nur in einem metaphorischen Sinne als eine Karte zu verstehen, da sie euklidische Distanzen zwischen Orten und deren relativer Lage nicht konsistent und realitätsgetreu widerspiegelt. Auch muss bezweifelt werden, dass wir es mit einer bildhaften Repräsentation zu tun haben.

4  Diese Phänomene sind u.a. von der amerikanischen Psychologin Barbara Tversky detailliert untersucht worden. Vgl. Barbara Tversky: «Distortions in cognitive maps», in: *Geoforum,* 23, 1992, S. 131–138.

In der Architektur etablierte der amerikanische Architekt und Stadtplaner Kevin Lynch eine Methode der mentalen Kartierung des Stadtraums. Er wollte verstehen, wie Menschen ihre Umwelt kategorisieren und das im Gedächtnis speichern, was er das «Bild der Stadt»[5] nannte. Die *legibility*, das heißt die architektonische Lesbarkeit einer gebauten Konfiguration, wurde als eine der Grundvoraussetzungen identifiziert, um sich in einer Stadt (oder auch einem komplexen Gebäude) orientieren zu können. Lynch griff ebenfalls auf klassische psychologische Arbeiten zurück: Erkenntnisse aus der Gestaltpsychologie dienten ihm dazu, Kriterien zu entwickeln, anhand derer der Mensch den Stadtraum mental segmentiert, versteht und lernt. Die von ihm in empirischen Studien entwickelten Elemente *paths, edges, districts, nodes,* und *landmarks* sollten als ein Grundvokabular mentaler Karten von Stadträumen betrachtet werden. «Lesbar» war eine Stadt für Lynch dann, wenn sich aus diesem Grundvokabular eine prägnante Struktur der Stadt ergab, die der Bewohner erkennen und an der er sich gedanklich und im Gedächtnis orientieren konnte.

Eine zweite Richtung in der Erforschung mentaler Verarbeitungsprozesse von Umweltreizen basiert stärker auf Theorien der visuellen Wahrnehmung als auf Fragen der kognitiven Repräsentation. Der amerikanische Psychologe James J. Gibson wies in den 1950er Jahren darauf hin, dass das Wahrnehmungssystem von Menschen (und Tieren) evolutionär so organisiert ist, dass es Eigenschaften der Umwelt, wie beispielsweise räumliche Tiefe und Bewegung, direkt aus Invarianten im visuellen Input erkennen kann.[6] In seinem 1979 publizierten Buch *The Ecological Approach to Visual Perception* prägte Gibson den Begriff der *Affordanz.* Damit bezeichnete er die Eigenschaft eines Objektes oder einer komplexen Reizkonstellation, bestimmte Handlungsweisen nahezulegen, etwa die «Einladung» einer Türklinke, sie herunterzudrücken, um einzutreten, oder – bezogen auf die Konfiguration von Räumen – die Eigenschaft eines verzweigten Korridors, ein Explorieren zu ermöglichen und den Benutzer zum Erkunden des Raumes einzuladen. Die Idee der Affordanz wurde insbesondere von dem amerikanischen Kognitionswissenschaftler Donald Norman[7] für die Bereiche der Ergonomie und des benutzerfreundlichen Gestaltens von Computersystemen popularisiert. Es

---

5   Kevin Lynch: *The Image of the City,* Cambridge 1960.
6   James J. Gibson: *The Perception of the Visual World,* Boston 1950. Ders.: *The Ecological Approach to Visual Perception,* Boston 1979.
7   Donald A. Norman: *The Psychology of Everyday Things,* New York 1988.

lässt sich, wie zu Beginn erwähnt, jedoch ebenso auf geometrische Aspekte des architektonischen Raumes, wie beispielsweise Raumformen, Grundrisskonfigurationen oder auch Beleuchtung und Beschilderung anwenden.

Die *Dalandhui Conference*[8] im Frühjahr 1969 markiert den Beginn der institutionalisierten Architekturpsychologie in Europa: Architekten und Psychologen der University of Strathclyde arbeiteten wohl erstmals im größeren Stil direkt zusammen, um das Wechselspiel von architektonischen Räumen und menschlichem Verhalten, Denken und Erleben systematisch zu erforschen. Bemerkenswert ist, dass der Anstoß zur Bildung dieses neuartigen Forschungsgebietes von den Architekturfakultäten ausging, die in dieser Zeit ganz bewusst Psychologen und Soziologen in ihre Forschung und Lehre integrierten. In den 70er und 80er Jahren etablierte sich auf dieser Basis eine interdisziplinäre Kultur der Gestaltung und der wissenschaftlichen Empirie. Eine intellektuelle Heimat fand diese Forschungskultur insbesondere in der amerikanischen *Environmental Design Research Association* (EDRA) und ihrem europäischen Pendant, der *International Association for People-Environment Studies* (IAPS).

In den 80er Jahren schlugen schließlich verschiedene interdisziplinär ausgebildete Architekturpsychologen wie der Italiener Romedi Passini, der Schwede Tommy Gärling und der Amerikaner Gerald Weisman die Brücke zwischen Kognitions- und Architekturpsychologie. Sie stellten Orientierungsmodelle vor, die mehr oder weniger überzeugend empirisch fundiert waren und kognitive Faktoren konkret mit physikalischen Umwelteigenschaften verbanden.

Passini untersuchte das Navigieren in den weitläufigen, zum Teil unterirdischen Shopping Malls in Montreal und begriff das *Wayfinding* als einen kognitiven Prozess der Entscheidungsfindung *(decision making),* bei dem zunächst ein grober Pfad vom Start zum Ziel geplant wird und dieser dann «unterwegs» verfeinert und angepasst wird.[9] Dabei kommt sowohl konkretes Vorwissen über das jeweilige Gebäude, als auch allgemeineres Wissen über Gebäudetypen und -funktionen zum Tragen. Passinis Modell basierte auf der detaillierten Beobachtung

---

8   Benannt nach dem Landsitz der University of Strathclyde im schottischen Hinterland. Hier findet sich auch eine der ersten Arbeiten zum Einfluss von Korridorlayouts auf Navigationsschwierigkeiten in öffentlichen Gebäuden. Vgl. *Architectural Psychology: Proceedings of the conference held at Dalandhui, 28 February – 2 March 1969,* hrsg. von David V. Canter, London 1970.

9   Romedi Passini: *Wayfinding in Architecture,* New York 1984. Ders.: «Wayfinding design: Logic, application and some thoughts on universality», in: *Design Studies,* 17 (3), 1996, S. 319–331.

von Bewegungspfaden seiner Testpersonen sowie der Analyse von verbalen Äußerungen, mit denen diese ihre jeweiligen Entscheidungen an ausgewählten Wegpunkten kommentierten (das sogenannte *laute Denken*).

Weisman seinerseits übertrug die stadtplanerischen Überlegungen von Kevin Lynch auf den architektonischen Innenraum und stellte eine Taxonomie von Umwelteigenschaften zusammen, die einen direkten Einfluss auf den kognitiven Prozess der Wegfindung und lokale Wegentscheidungen haben.[10] Er unterschied dabei die folgenden vier Kategorien: Erstens die Sichtbarkeit *(visibility):* Welche Handlungsoptionen und welcher relative Anteil des Gebäudes sind von einem bestimmten Standpunkt aus sichtbar? Zweitens die Beschilderung, also ein primär nicht architektonisches Element, das jedoch explizite semantische Codes über Zielorte und Gebäudestruktur enthält. Drittens die Unterscheidbarkeit *(architectural differentiation):* Welche Ähnlichkeiten gibt es zwischen bestimmten Orten im Gebäude? Und schließlich viertens die Komplexität und Konfiguration im Grundriss: Damit ist die relative Lage von Räumen und Korridoren zueinander gemeint sowie die darin enthaltene Anzahl beziehungsweise Anordnung von Kreuzungen, Abzweigungen und somit Entscheidungspunkten.

Während die ersten drei Kategorien verhältnismäßig eindeutig zu operationalisieren[11] sind, erweist sich gerade die Frage nach dem Wesen der Komplexität[12] als vielschichtig und uneindeutig. Weisman hat die Komplexität von Grundrissen durch Probanden subjektiv mit Fragebogen einschätzen lassen, ohne diese Bewertungen jedoch direkt auf physikalische Gebäudeeigenschaften übertragen zu können. Mittlerweile werden methodologische Strategien wie die von Passini weiter verfeinert. Dabei steht derzeit besonders die Frage im Vordergrund, welche kognitiven Entscheidungsprozesse und Strategien sich hinter den individuellen Bewegungsmustern[13] erkennen lassen. Eine Kombination unterschiedlicher Simulationstechniken, wie beispielsweise *Space Syntax* oder auch *Virtual Reality,* ermöglicht es, menschliche Verhaltensmuster in architektonischen Räumen zu berechnen und vorherzusagen.

10  Gerald Weisman: «Evaluating architectural legibility: Way-finding in the built environment», in: *Environment and Behavior,* 13(2), 1981, S. 189–204.
11  In den Verhaltenswissenschaften versteht man unter dem Begriff der *Operationalisierung* (Messbarmachung) die Übertragung von theoretischen Konzepten in messbare und damit objektivierbare Kenngrößen.
12  Zur aktuellen Diskussion des Komplexitätsbegriffs vgl. Andrea Gleiniger und Georg Vrachliotis (Hrsg.): *Komplexität. Entwurfsstrategie und Weltbild,* Reihe *Kontext Architektur,* Basel, Boston, Berlin 2008.

## Die Syntax des (Verhaltens-)Raums

Der Begriff *Space Syntax* umfasst eine Reihe von Analysemethoden zur Beschreibung und Interpretation räumlicher Konfigurationen, die seit den 1970er Jahren an der Bartlett School of Architecture des University College London entwickelt wurden.[14] Historischer Ausgangspunkt dieses Forschungsfeldes ist eine soziologische und weniger eine kognitive Perspektive, das heißt, es wird weniger das Verhalten eines Einzelnen als vielmehr das einer großen Gruppe untersucht. *Space Syntax* ist damit besonders gut geeignet, um Bewegungsströme von Passanten im Stadtraum oder Besuchergruppen etwa in Museen zu erforschen. Die methodische Grundeigenschaft jeder Analyse besteht darin, komplexe Gebäudekonfigurationen zunächst in ihre geometrisch-räumlichen Bestandteile, zum Beispiel Korridore oder Plätze, zu zerlegen. Die Verbindungen dieser Bestandteile können somit als Netzwerk aus Navigations- und Entscheidungsoptionen dargestellt werden. Eine entscheidende Funktion spielen die räumlichen Sichtachsen, die als *Isovisten* bezeichnet werden und den Ausschnitt des Raumes umfassen, den man von einer gegebenen Position aus überblicken kann [Abb. 2 und 3]. Die Vernetzungsstruktur der einzelnen Elemente, auf die der architektonische Raum dabei reduziert wird, kann schließlich als Graph repräsentiert werden. Durch diese formalen Methoden wird der architektonische Raum einem weiten Feld weiterer mathematischer Analysemöglichkeiten zugänglich gemacht. So wird beispielsweise untersucht, welche Rolle ein bestimmter Teilraum im räumlichen Netzwerk einnimmt, sowohl bezüglich seiner lokalen Verbindungen *(connectivity)* als auch seiner globalen Zentralität *(integration)*. Diese Methoden ermöglichen es, aus der Verteilung von *connectivity* und *integration* die Anzahl von Personen zu errechnen und vorauszusagen, welche an einem Ort (Straße, Gebäude, Korridor) entlanggehen.

Seit Anfang der 90er Jahren haben mehrere Forschergruppen in ihren Arbeiten zeigen können[15], dass sich mit den gruppenbasierten Analyseverfahren

---

13 Wir haben es hier also mit verschiedenen Ebenen von *Mustern* zu tun: Hinter den Bewegungsmustern (als Verhaltensmuster, die direkt beobachtet werden können) liegen Entscheidungsmuster, die auf Kognition aufbauen und durch verbale Begründungen und ein Verständnis der umgebenden Raumstruktur theoretisch greifbar werden.

14 Eine zentrale Publikation dazu ist Bill Hillier und Julienne Hanson: *The Social Logic of Space,* Cambridge 1984.

15 Vgl. Sonderheft von *Environment & Behavior,* hrsg. von Ruth Conroy Dalton und Craig Zimring, Bd. 35, Nr. 1, 2003.

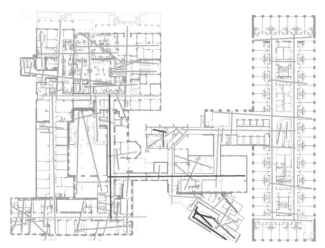

Abb. 2: Sichtachsen in einem Spitalkomplex; die Farbabstufung repräsentiert graduelle Unterschiede bezüglich der Integration respektive der Zentralität im Gebäude.

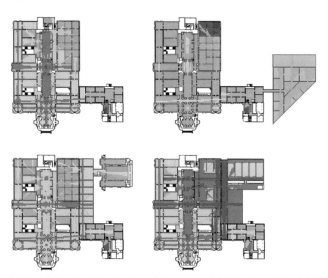

Abb. 3: *Tate Gallery*, London. In dieser *Space Syntax*-Analyse sind die Annahmen für eine hohe Nutzungsfrequenz rot eingezeichnet, diejenigen für eine niedrige Benutzerfrequenz blau.

von *Space Syntax* teilweise auch kognitives, das heißt individuelles *Wayfinding*-Verhalten beschreiben lässt. Deshalb soll im Folgenden anhand eines Fallbeispiels die Einbindung von *Space Syntax* in kognitionspsychologische Beobachtungs- und Analysemethoden verdeutlicht werden.

**Ein Tagungszentrum als «Untersuchungslabor» des Navigierens**
In einer Reihe von Studien wurde die räumliche Orientierung von Menschen in einem Tagungszentrum untersucht.[16] Das Gebäude aus dem Jahr 1970 wurde als multifunktionales Zentrum konzipiert mit entsprechend komplexer Raumstruktur. Es ist daher besonders geeignet, sowohl Navigationsstrategien als auch konkrete gestalterische Ursachen von Orientierungsdefiziten eines Gebäudes, sogenannte *usability hotspots,* zu identifizieren.

Aus den Studien entstanden zwei Vorschläge für eine kognitive Erweiterung der Methoden von *Space Syntax.* Diese sollen es zukünftig ermöglichen, auch psychologische Ergebnisse aus Beobachtungen von Testpersonen mit objektivierbaren Kriterien des gebauten Raumes in Beziehung zu setzen und somit den konkreten Einfluss architektonischer Merkmale auf das menschliche Verhalten zu untersuchen: Ein Vorschlag besteht darin, eine detaillierte Modellierung von Sichtverhältnissen innerhalb der Treppenhäuser eines Gebäudes zu entwickeln, denn Treppenhäuser spielen als vertikale Verbindungsschächte eine zentrale Rolle für die räumliche Gesamtorientierung. Und zweitens hat sich nicht nur die Untersuchung einzelner Orte, sondern die ganzer Entscheidungssequenzen (Routen, das heißt die Verkettung und Vernetzung von Orten) als besonders aussagekräftig erwiesen. Aus diesem Grund wurden *route specific measures* entwickelt, auf deren Basis sich die Schwierigkeit, bestimmte Orte in einem Gebäude zu finden, verlässlich berechnen und vorhersagen lässt.[17]

Während des Experimentes standen den Testpersonen verschiedene Wege zur Auswahl, um an das Ziel zu gelangen. Um eine möglichst realistische Komplexität für den Versuchsaufbau zu erreichen, war zudem eine gewisse Anzahl von Etagenwechseln vorgesehen. Testpersonen, die das Gebäude bereits kannten,

---

16  Vgl. Christoph Hölscher, Tobias Meilinger, Georg Vrachliotis, Martin Brösamle und Markus Knauff: «Up the Down Staircase. Wayfinding Strategies and Multi-Level Buildings»,in: *Journal of Environmental Psychology, 26* (4), 2006, S. 284–299.
17  Christoph Hölscher, Martin Brösamle, Georg Vrachliotis: «Challenges in Multi-level Wayfinding. A Case-study with Space Syntax technique», in: *Environment and Planning B: Planning & Design,* 2009.

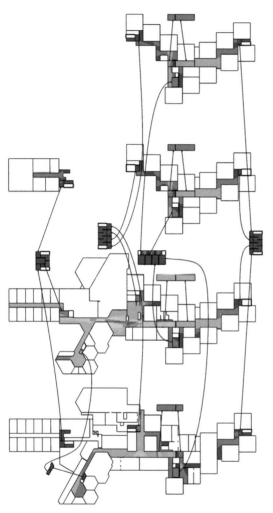

Abb. 4: Fallbeispiel Tagungszentrum: Die Helligkeit der Flächen repräsentiert die lokalen Verbindungen einzelner Teilräume im räumlichen Netzwerk. Sackgassen erscheinen als dunkle Bereiche in Keller und Randbereichen, zentrale Bereiche hingegen sind hell. Die heterogene Verteilung von Kennwerten innerhalb und zwischen den Etagen dient als Indikator von Inkonsistenzen für Navigation und Orientierung.

wählten die Strategie der direkten Wegsuche, während sich Probanden, die das Gebäude zum ersten Mal erkundeten, sich an markanten und räumlich eher zentral gelegenen Punkten, wie beispielsweise am Eingangsbereich des Gebäudes, orientierten. Überprüft man diese Aspekte mit *Space Syntax,* so spiegeln sich diese unterschiedlichen Verhaltensmuster auch in den errechneten Kennwerten von *connectivity* und *integration* wider.

Eine Gebäudeanalyse wies auf eine Reihe von kognitiven Problemen hin, die ebenfalls mit *Space Syntax* messbar gemacht werden können. Als besonders problematische Orte erwiesen sich beispielsweise der Eingangsbereich und die Treppenhäuser als vertikale Verbindungen [Abb. 4]. Sackgassen im Untergeschoss und die sehr unterschiedlich strukturierten Etagen führen zu weiteren Hindernissen im Gebäude, die sich mit lokalen Syntax-Indikatoren ebenso wie mit dem *Intelligibility*-Maß abbilden lassen.

**Von der wissenschaftlichen Erkenntnis zur gestalterischen Praxis**

Wie können die hier dargestellten empirischen Befunde in der Praxis Anwendung finden? Aus Ergebnissen ähnlicher Experimente zur Wahrnehmung von Gebäudestrukturen wird deutlich, dass sich der Mensch in architektonischen Räumen hauptsächlich an drei Aspekten orientiert: an Eigenschaften einer bestimmten Raumsituation, an seinem allgemeinen Vorwissen über das Gebäude und an seinen schematischen Annahmen zur Funktionsverteilung innerhalb des Gebäudes.[18] Der Architekt eines Gebäudes tut sicher gut daran, sich der Variabilität der Strategien dadurch anzupassen, dass er verschiedene Wege zwischen wichtigen Zielpunkten ermöglicht. Resultate eines empirisch-analytischen Vorgehens, so wie es in dem vorliegenden Aufsatz kurz vorgestellt wurde, dürfen in erster Linie nicht als Patentrezept für eine menschenfreundliche Architektur gedeutet werden. Doch obliegt es nicht dem Architekten, das durch die empirische Psychologie gewonnene Wissen über den Aufbau des menschlichen Verhaltensraums in seiner Planung zu berücksichtigen? Ließe sich eine Simulation von räumlichen Verhaltensmustern nicht in einer frühen

---

18  Vgl. Mark D. Gross und Craig Zimring: «Predicting wayfinding behavior in buildings. A schema-based approach», in: Yehuda E. Kalay (Hrsg.): *Evaluating and predicting design performance,* New York 1992, S. 367–378.

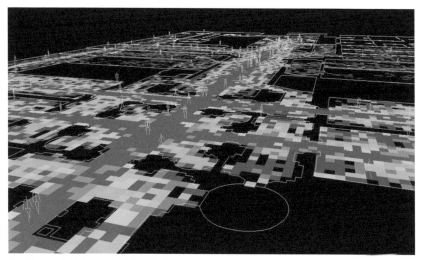

Abb. 5: Agentensimulation zur Tate Gallery: Die Bewegungsmuster von Software-Agenten modellieren Gruppenverhalten auf Basis lokaler Sichtbezüge.

Phase des architektonischen Entwurfsprozesses als ein kognitives Planungs-
werkzeug integrieren?[19]

Um diese beiden interdisziplinär ausgerichteten Kernfragen wird es in
Zukunft gehen. Doch während die eine Fragestellung die Architekten und Psychologen bereits seit den Anfängen der Umweltpsychologie beschäftigt, scheinen
sich innerhalb der anderen nicht zuletzt durch die allgemeine Dominanz digitaler Technologien zwei Ansätze herauszukristallisieren: Die Verwendung von
Methoden aus dem Bereich der *Virtual Reality* und der Einsatz von Modellen sogenannter Agentensysteme.

Erstere werden in der Architektur meist zu reinen Visualisierungs- und Prä-
sentationszwecken, zum Beispiel gegenüber potenziellen Investoren, eingesetzt.
Im Wissenschaftszweig der empirischen Psychologie dagegen werden Modelle
der *Virtual Reality* als ein hilfreiches Werkzeug der kognitionspsychologischen
Validierung genutzt. Konfrontiert man nun Testnutzer mit Navigationsaufgaben
in solchen Virtual-Reality-Modellen, ergeben sich im laufenden Entwurfsprojekt
Hinweise darauf, ob ein Gebäudeentwurf Orientierungsschwierigkeiten hervor-
ruft. Die Diagnostik bietet somit als *Pre-Occupancy-Evaluation* die Möglichkeit,
Defizite rechtzeitig zu erkennen. Im Gegensatz zum häufig realistisch wirkenden
Raumgefühl virtueller Welten wird in Agentensystemen das menschliche Verhal-
ten durch eine Vielzahl abstrakter Software-Agenten simuliert, die sich durch ein
Computermodell, beispielsweise das eines Gebäudes oder Stadtraums, bewegen
[Abb. 5].[20] Mit dieser Methode werden bereits beachtliche Erfolge in der architektonischen Planung erzielt, obgleich solche Simulationssysteme zwar Erkenntnisse über das Orientierungsverhalten von großen Menschengruppen liefern,
häufig jedoch keine Auskunft darüber, wie der einzelne Mensch gestalterische
Aspekte einer Raumsituation wahrnimmt und warum er sich darin für eine
bestimmte Handlung entscheidet.

---

19 Es ist von Interesse, dominante Bewegungsmuster vorherzusagen und nicht erst am fertigen Bau
festzustellen. Hier liegt sicher ein Grund dafür, dass die klassische *Post-Occupancy-Evaluation,* deren
Ziel es war, aus bestehenden Bauprojekten für die Zukunft zu lernen, nicht den praktischen Erfolg zei-
tigte, den sich Sozialwissenschaftler erhofft hatten. Vgl. Wolfgang F. E. Preiser, Harvey Z. Rabinowitz
und Edward T. White (Hrsg.): *Post-Occupancy Evaluation,* New York 1988.

20 So ist etwa das von dem britischen Computerwissenschaftler Alasdair Turner entwickelte Agentenmodell *Exosomatic Visual Architecture* (EVA) in der Lage, Bewegungsmuster größerer Gruppen von
Personen zu simulieren und Vorhersagen zu treffen.

Dies liegt vor allem daran, dass – auch aus Gründen rechentechnischer Grenzen – die kognitiven Prozesse weitgehend ausgeblendet werden und ein ausschließlich aus der direkten visuellen Wahrnehmung gespeistes Verhalten simuliert wird. Hier bietet sich die Gelegenheit, für die nächste Generation solcher Agentensysteme auf kognitionspsychologische Theorien und Studien zurückzugreifen, um ein Agentenmodell zu bauen, das die identifizierten Komponenten der menschlichen Entscheidungsfindung, aber auch die relevanten Raumeigenschaften berücksichtigt.[21]

Ganz gleich, welchen der hier skizzierten Ansätze man wählt: Sowohl Empirie als auch kognitive Theorie sind produktive wissenschaftliche Instrumente, die uns Erkenntnisse über die menschliche Wahrnehmung sowie ein Wissen über räumliche Verhaltensmuster vermitteln. Wenn Architekten diese Instrumente in den architektonischen Entwurfs- und Planungsprozess integrieren, können sie ihn bei seiner Suche nach räumlichen Lösungen unterstützen.[22]

21 Hierzu zählen neben Wahrnehmungsprozessen und geometrischen Modulen auch höhere kognitive Funktionen wie Lernmechanismen, semantische Verarbeitung von Objektinformation, eine Repräsentation von Hintergrundwissen über Gebäudeeigenschaften und Handlungsschemata für unterschiedliche Navigationsaufgaben. Ein solches System zu erstellen ist eines der langfristigen Ziele im Sonderforschungsbereich SFB/TR8 Spatial Cognition in den Universitäten Bremen und Freiburg.
22 Architekten wie Gunter Henn bemühen sich um eine methodische Formalisierung des Raumprogramms, in die auch kognitive Überlegungen verstärkt eingehen könnten. Vgl. bspw. Gunter Henn: «Programming – Projekte effizient und effektiv entwickeln», in: Oliver Schürer und Gordana Brandner (Hrsg.): *architektur: consulting*, Basel, Boston, Berlin 2004, S. 42–49.

Markus Christen
**MUSTER IM HIRN**
**NEUROWISSENSCHAFTLICHE ANMERKUNGEN ZUM MUSTERBEGRIFF**

Muster sind gesetzmäßige Anordnungen unterschiedlicher Teile. Wird diese Definition als Ausgangspunkt für die Suche nach Mustern genommen, lässt sie einen großen Interpretationsspielraum offen und bedarf zweifellos einer Präzisierung hinsichtlich des Anwendungsbereichs. Doch auch die Präzisierung eröffnet ein Feld weit reichender Fragen, welche das jeweils gewählte wissenschaftliche Gebiet charakterisieren. Diese Feststellung verweist nicht auf die eher triviale Aussage, dass (empirische) Wissenschaft nach Mustern in der Welt sucht sowie deren Vorhandensein und Art der Ausprägung erklären will – man also den Musterbegriff mit der generellen Zielsetzung des Unterfangens Wissenschaft direkt verknüpft. Vielmehr stehen die Begriffe *gesetzmäßig, Anordnung, unterschiedlich* und *Teile* für eine jeweils spezifische Sammlung an Fragen, aus deren Antworten man viel über Ziele und Methodik der fraglichen Disziplin lernt. Dies gilt auch für die Neurowissenschaft. In diesem Beitrag soll deshalb der Musterbegriff aus einer neurowissenschaftlichen Perspektive quasi seziert werden, um zweierlei zu erreichen: Grundlegende Fragen, mit denen sich die Neurowissenschaft konfrontiert sieht, sollen dargestellt werden. Zweitens soll diese Analyse den Musterbegriff an sich etwas mehr erhellen.

### *Muster* als Mantelbegriff

Wissenschaft beginnt mit der (zuweilen naiven) Erkennung von Mustern in der Welt, die zu weiteren Fragen führt. Dieser fundamentale Gedanke findet sich bei vielen Autoren – so etwa in einer interessanten Ausprägung bei dem Ökonomen Friedrich August von Hayek in seiner 1961 verfassten Untersuchung *The Theory of Complex Phenomena.*[1] Darin erläuterte er, dass es immer einer theoretischen Idee eines Musters bedarf, um Phänomene, die mögliche Gegenstände einer wissenschaftlichen Theorie bilden, zu klassifizieren. Eine solche Theorie definiert eine Klasse von Mustern, deren individuelles Vorkommen dann in der realen Welt geprüft wird. Mustersuche wird zur Musterwiedererkennung, wie der englische Ausdruck *pattern recognition* deutlich macht. Gerade in der Neurowissenschaft

---

1   Friedrich August von Hayek: *The Theory of Complex Phenomena* (1961), Tübingen 1972.

zeigt sich diese grundlegende Feststellung an zahlreichen Beispielen. Einige wenige davon werden wir nachfolgend genauer betrachten.

Doch bevor wir näher darlegen, wo überall man nach neuronalen Mustern sucht, beginnen wir mit einem Blick auf die generelle Definition des Begriffs *Muster*. Die Forderung nach Gesetzmäßigkeit – die erste Komponente der Definition – leuchtet gewiss ein, darf aber nicht zur Idee verleiten, Muster bestünden aus der schlichten Wiederholung von Strukturen oder Ereignissen. Der gesetzmäßige Charakter von Anordnungen kann sich unterschiedlich ausprägen, ja die Ermittlung des Gesetzes selbst ist eine der zentralen Zielsetzungen des wissenschaftlichen Unterfangens, sich mit Mustern zu beschäftigen. Wird ein System einem experimentellen Zugriff unterzogen, ist die Suche nach Regelmäßigkeiten methodisches Programm. In *Stimulus-Response-Experimenten* – ein in der Neurowissenschaft zentrales experimentelles Paradigma – werden diesem System daher wiederholt Reize appliziert, um daraus auf Gleichförmigkeiten im inneren Mechanismus der Reizverarbeitung zu schließen. Abstrakt gesprochen, kann sich schließlich die Gesetzmäßigkeit, mit der das System auf Reize reagiert, in Repetitionen beziehungsweise Periodizitäten, mathematischen Folgen oder auch komplexen mathematischen Gleichungen ausdrücken. Die ermittelte Gesetzmäßigkeit muss sich uns nicht in einer simplen Form zeigen.

Mit dem Begriff *Anordnung* wird implizit gesagt, dass wir – bevor wir uns auf die Suche nach einem Muster machen – eine Vorstellung davon haben müssen, in welchem Bezugssystem *(framework)* sich die Elemente befinden, welche das potenzielle Muster bilden. Raum und Zeit bieten sich hier als grundlegende Kategorien an. Demnach sind entweder physikalische Entitäten im Raum oder Ereignisse entlang der Zeitachse angeordnet. Gewiss sind auch Mischformen, also raumzeitliche Muster, möglich und – wie im Folgenden noch deutlicher werden wird – in der Neurowissenschaft von besonderem Interesse. Doch auch hier sollten wir nicht zu einfach denken. Die mathematische Analyse von Phänomenen kann uns in hochdimensionale Zustandsräume führen, in denen die *wahren* Muster verborgen sind.[2] Die Frage der Visualisierung solcher Muster wird in diesem Fall zu einem wissenschaftlich wie wissenschaftstheoretisch schwierigen Problem.

---

2   In der Theorie dynamischer Systeme ist die Rekonstruktion von Zustandsräumen aus Zeitreihen *(coordinate delay construction)* ein Standardverfahren. Aufgrund dieser Rekonstruktion lässt sich ein Zustandsraum gewissermaßen aufteilen und die Dynamik dieses Systems in einer Sequenz von Symbolen kodieren. Innerhalb einer solchen Sequenz lässt sich dann nach Mustern suchen. Siehe: Holger Kantz, Thomas Schreiber: *Nonlinear Time Series Analysis*, Cambridge 2000.

Auf ein weiteres Problem wird mit dem Adjektiv *unterschiedlich* hingewiesen: Unterscheidungen zu machen ist gleichbedeutend mit dem Kategorisieren eines Gegenstandsbereichs – und Kategorisierungen sind keineswegs trivial. Zwei grundlegende Ansätze sind hier zu unterscheiden: Kategorisierungen können als Folge von Vor-Urteilen entstehen *(top down)* oder als Ergebnis lokaler Interaktionen *(bottom up)*. Diese unterschiedlichen Ansätze führen zu zwei grundlegend verschiedenen Vorgehensweisen in der Mustersuche, die gemeinhin durch die englischen Begriffe *pattern recognition* und *pattern discovery* beschrieben werden.[3] Gleichzeitig stellt diese Unterscheidung von Hayeks grundlegende Gedanken ein wenig in Frage, denn *pattern discovery* scheint bei ihm keinen Platz zu haben. Ein Ausweg ist hier, zwischen expliziten theoretischen Vorgaben (das von der Theorie geforderte Muster, das es zu suchen gilt) und impliziten, den Entdeckungsvorgang beeinflussenden Faktoren zu unterscheiden. Darauf soll am Schluss eingegangen werden.

Der Ausdruck *Teil* verweist schließlich auf ein letztes grundlegendes Problem im Musterbegriff: Die Entitäten in einer durch evolutionäre Dynamik geprägten natürlichen Welt haben einen hierarchischen Aufbau[4] – und somit definiert die Auswahl der Ebene innerhalb der Hierarchie des Gegenstandsbereiches, was wir als Teil und was wir als Ganzes (das Muster) ansehen wollen. Die Wahl der Hierarchieebene und die Art der Kategorisierung sind dabei nur schwer zu trennen. Die Neurowissenschaft mit ihrem Grundziel, «Verhalten als Funktion der Aktivitäten des Gehirns»[5] zu verstehen, ist von diesem Problem besonders betroffen, zumal Muster sehr unterschiedlicher Art und auf verschiedenen Ebenen miteinander in Beziehung gebracht werden müssen.

Zusammengefasst zeigt diese kurze Einführung, dass *Muster* gleichsam als Mantelbegriff vier zentrale wissenschaftliche und wissenschaftstheoretische Fragekomplexe umfasst. Denn wann immer wir den Muster-Begriff zum Thema machen, stellt sich die Frage nach der Wahl des Bezugssystems und der Hierar-

---

3   Zu dieser Unterscheidung siehe: Cosma R. Shalizi, Jim Crutchfield: «Computational mechanics: Pattern and Prediction, Structure and Simplicity», in: *Journal of Statistical Physics,* 104(3/4), 2001, S. 817–879.
4   Dieser Gedanke wird von Simon hervorragend ausgeführt: Herbert A. Simon: «The Architecture of Complexity», in: *Proceedings of the American Philosophical Society,* 106(6), 1962, S. 467–482.
5   So die Formulierung von Kandel in: Eric R. Kandel, James H. Schwartz, Thomas M. Jessell: *Principles of Neural Science,* New York 2000, S. 5: «The task of neural science is to explain behavior in terms of the activities of the brain».

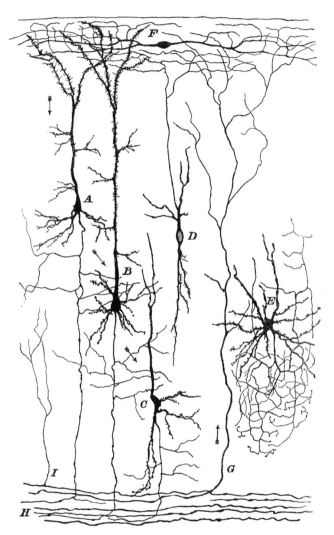

Abb. 1: Die bildliche Darstellung der Meso-Ebene neuronaler Strukturen durchläuft aus wissenschaftshistorischer Perspektive mehrere Phasen. In einer ersten Phase – hier beeindruckend dargestellt durch Santiago Ramón y Cajal – wird die möglichst detailgetreue Darstellung der Morphologie angestrebt, was freilich Resultat eines Auswahlprozesses durch entsprechende Färbung der Zellen und den Prozess der Zeichnung ist.

chieebene, in welchen nach Mustern gesucht wird, beziehungsweise die Frage nach den Kategorien, aufgrund welcher Muster gesucht und ihre Gesetzmäßigkeiten bestimmt werden.

### Der Gegenstandsbereich neuronaler Muster

Aus dieser beeindruckenden Spannweite an Problemen, die sich im Musterbegriff verbirgt, kann in diesem Beitrag natürlich nur eine kleine Auswahl genauer untersucht werden. Bevor dies aber geschieht, sollten wir uns die Komplexität des Problems im Gegenstandsbereich Neurowissenschaft in einer kurzen Übersicht über die möglichen Arten neuronaler Muster vergegenwärtigen. Im Bezugssystem Raum sind vom Molekül bis zu großen Organismen alle Gegenstände des neuronalen Erkenntnisinteresses – man bewegt sich über sieben Größenskalen.[6] Auf der Ebene der Moleküle zielt die Frage nach dem Muster beispielsweise auf die Suche nach typischen Anordnungen von Ionenkanälen auf der Zellmembran von Neuronen. Geraten die Neuronen ins Blickfeld der Untersuchung, stellt sich die Frage nach charakteristischen Formen oder Gleichförmigkeiten in der Verbindungsstruktur. Auf der Ebene des Gehirns rückt die Konnektivität bestimmter Hirnregionen (beispielsweise im Vergleich zwischen den biologischen Arten) ins Zentrum des Interesses. Wir brauchen an dieser Stelle nicht weiter auf die beeindruckende Menge an Wissen über diese verschiedenen Fragestellungen einzugehen. Es sei nur so viel gesagt: Die derzeit größten Wissenslücken bestehen auf der Ebene der neuronalen Vernetzung – hinsichtlich der Frage, ob es je nach Hirnregion typische, sich reproduzierende Muster neuronaler Verbindungen gibt. Man spricht hier auch von der *Meso-Ebene* mit einer Größenskala von mehreren hundert Mikrometern [Abb. 1]. Dass es gewisse Regionen wie das Kleinhirn oder den Hippocampus (eine unter anderem für die Gedächtnisbildung wichtige Hirnregion) gibt, wo die neuronalen Verbindungen strikten Mustern folgen, ist zwar bekannt. Ob Derartiges auch im Kortex gilt – jener Hirnregion, welche für das menschliche Geistesleben die wohl zentrale biologische Infrastruktur bereitstellt –, ist Gegenstand von Kontroversen. Die Idee eines Musters wird hier zur Hypothese einer festgelegten Verschaltung von Grundtypen von Neuronen, die sich regelmäßig wiederholt: die Idee eines *microcircuit*[7]. Diese Hypothese beruht

---

6    Patricia S. Churchland, Terrence J. Sejnowski: *The Computational Brain,* Cambridge 1992, S. 11.
7    Siehe dazu: Rodney J. Douglas, Kevan A.C. Martin: «Neuronal circuits of the neocortex», in: *Annual Review of Neuroscience,* 27, 2004, S. 419–451.

unter anderem auf der bereits erwähnten Vorstellung von Herbert Simon (siehe Seite 73), wonach ein evolutionär entstandenes System sich nicht von Grund auf neu *designen* kann, sondern vielmehr Gegebenes repliziert – im Fall des Kortex wäre dies eine millionenfache Repetition eines solchen Grundmusters.

Jedem Neurowissenschaftler ist klar, das die Ausrichtung auf das Bezugssystem Raum für die Erklärungsziele der Neurowissenschaft nicht ausreicht – Verhalten vollzieht sich schließlich in der Zeit. Entsprechend muss die zeitliche Musterung von Ereignissen in den Blickpunkt gerückt werden. Solche Ereignisse finden sich auf unterschiedlichen Zeitskalen, sind aber schwieriger zu individuieren. Am augenfälligsten ist dieses Problem auf der Ebene des Verhaltens selbst. Die Rede von Verhaltensmustern verlangt eine Sequenzierung des Verhaltens in einzelne Bausteine, sodass beispielsweise behauptet werden kann, das Verhaltensmuster bestehe aus einer Repetition einer bestimmten Sequenz solcher Bausteine.[8] Das sich hier stellende Klassifizierungsproblem – eine Dimension des Musterbegriffs – werden wir am Beispiel des Ereignisses *neuronaler Impuls (spike)* erläutern.

Verbinden wir die räumliche Perspektive mit der zeitlichen, so entfaltet sich die Komplexität des neuronalen Musterbegriffs: Ein Sinnesreiz im Zuge der neuronalen Verarbeitung wird beispielsweise zu einem ganzen Bündel von Sequenzen neuronaler Impulse, die sich entlang unterschiedlicher räumlicher Bahnen ausbreiten. Damit sind wir beim raumzeitlichen Muster angekommen. Hier zeigt sich dann allerdings, dass eine genaue Definition des in neurowissenschaftlichen Publikationen gebräuchlichen Begriffs des *spatio-temporal pattern* sowohl schwierige methodische als auch statistische Fragen aufwirft.[9] So beeinflusst und verändet beispielsweise ein solches raumzeitliches Muster über einen längeren Zeitraum die Funktionalität der neuronalen Verbindungen – und damit verändert sich auch die künftige Erscheinungsform des Musters selbst. Zudem meint der Ausdruck *Muster* oft nur, *dass da etwas ist,* was im jeweiligen experimentellen Kontext die neuronale Antwort auf einen experimentellen Reiz darstellt.

---

8  Eine aufschlussreiche Analyse bietet die Untersuchung der Verhaltenssequenz des Balzverhaltens der Fruchtfliege. Siehe: Ruedi Stoop, Benjamin I. Arthur: «Periodic orbit analysis demonstrates genetic constraints, variability, and switching in Drosophila courtship behavior», in: *Chaos*, 18(2), 2008, 023123.

9  Ausführliche Überlegungen dazu finden sich in: Markus Christen: *The role of spike patterns in neuronal information processing. A historically embedded conceptual clarification*, ETH-Dissertation, Nr. 16464, 2006.

Die methodischen Herausforderungen auf dieser Meso-Ebene sind enorm. Selbst kleine und überschaubare Hirnregionen, wie etwa der Riechkolben der Ratte, bestehen aus vielen tausend Zellen, von denen man bestenfalls einige Dutzend gleichzeitig messen kann. Streng genommen kann aber nur so Einblick in die detaillierte Mechanik der neuronalen Informationsverarbeitung genommen werden.

Verlockend sind deshalb die Methoden der Bildgebung[10], die eine räumliche Größenordnung höher ansetzen als die lokalen neuronalen Netze – also auf der Skala von Millimetern. Vorab sei erwähnt, dass die kognitiven und sozialen Neurowissenschaften sich stark auf die funktionelle Magnetresonanztomografie (fMRT) stützen – ein Verfahren, das im Wesentlichen den Sauerstoffverbrauch bestimmter Hirnregionen misst (die Auflösung beträgt derzeit etwa ein Kubikmillimeter). Aus dem Sauerstoffverbrauch schließt man dann auf neuronale Aktivität, wobei aber zahlreiche Fragen hinsichtlich der Natur des durch den fMRT-Scanner erfassten Signals noch ungeklärt sind.[11] Die Verbildlichung dieser Messungen trägt im Kern das Problem einer unzulässigen Vereinfachung des Problems in sich – Kritiker sprechen gar von einer «neuen Phrenologie»[12], also einer vorschnellen In-Beziehung-Setzung von Hirnregionen mit komplexen psychischen Entitäten. Die Methode an sich zwingt nicht zu dieser Simplizität und wird in naher Zukunft durchaus den Einbezug der zeitlichen Komponente erlauben (also beispielsweise die Ermittlung der Sequenz der Aktivierungen einzelner Hirnregionen). Mit dieser Art der Visualisierung ist aber eine Vereinfachung in der Vermittlung neurowissenschaftlicher Erkenntnisse verbunden, die der Komplexität der Phänomene oft nicht angemessen ist. Dieser Mangel macht die Notwendigkeit einer vertiefenden Auseinandersetzung deutlich, die allerdings erst ansatzweise geleistet wurde.[13]

10  Unter Bildgebung werden in der Neurowissenschaft Verfahren verstanden, die Strukturen im Nervensystem oder Aktivitäten ganzer Gruppen von Nervenzellen erfassen und abzubilden vermögen. Zur Einführung in die einzelnen Verfahren siehe: Lutz Jänke: *Methoden der Bildgebung in der Psychologie und den kognitiven Neurowissenschaften,* Stuttgart 2005.
11  Eine umfassende Übersicht zu diesen offenen Fragen liefert Nikos K. Logothetis: «What we can do and cannot do with fMRI», in: *Nature,* 453, 2008, S. 869–878.
12  Beispielhaft dafür ist William R. Uttal: *The new phrenology. The limits of localizing cognitive processes in the brain,* Cambridge 2001.
13  Z. B. Joseph Dumit: *Picturing Personhood. Brain Scans and Biomedical Identity,* Princeton, Oxford 2004.

## Mustersuche am Beispiel des neuronalen Codes

Wenden wir uns nun den vier grundlegenden Problemstellungen des Musterbegriffs zu, die oben mit den Begriffen *gesetzmäßig, Anordnung, unterschiedlich* und *Teile* umschrieben wurden. Während wir bereits einen Blick auf das Verhältnis der verschiedenen Ebenen des Vorkommens von Mustern und die Frage nach den entsprechenden Bezugssystemen geworfen haben, wird uns nun das Kategorisierungsproblem im Detail beschäftigen. Auf das Problem der Gesetzmäßigkeiten, also etwa die folgenreiche Frage, ob sich menschliches Verhalten aus bestimmten gegebenen neuronalen Mustern ableiten lässt, können wir uns hier nicht weiter einlassen. Dieses Problem führt uns am Ende in die Debatte um die Freiheit des Willens und damit in die ideologische Dimension des Diskurses um den Musterbegriff. Denn Muster kann ja auch Vorgabe bedeuten. Unter Vernachlässigung der individuellen Varianz (und diese ist beispielsweise bei mit Hilfe von fMRT gewonnenen Aktivierungsmustern, die mit Verhalten korreliert werden, nicht klein) könnte dereinst beispielsweise ein typisches Aktivierungsmuster für soziale Auffälligkeit proklamiert werden, das sich bereits im Hirn von Kleinkindern nachweisen ließe und dann Anlass für geeignete Maßnahmen gäbe. Die ethischen Konsequenzen eines solchen *forensic neuroimaging* können uns hier aber nicht weiter beschäftigen.[14]

In den nachfolgenden Ausführungen bewegen wir uns primär im zeitlichen Bezugssystem und diskutieren die Frage, wie sich die Idee des neuronalen Musters im Kontext der Debatte um einen neuronalen Code ausgewirkt hat. Das geschah in zwei Schritten: Zuerst musste eine Vorstellung gewonnen werden, wie das «Teil» des Musters, also der neuronale Impuls oder *spike,* beschaffen ist. Auf dieser Grundlage musste ein theoretischer Rahmen – in diesem Fall die Informationstheorie[15] – ausgewählt werden, in dem die Rolle von solchen *spike patterns* als Elemente eines Codes überhaupt erst definiert werden konnte. Gerade weil die daraus folgenden wissenschaftlichen Anstrengungen ergaben, dass dieser Ansatz einer «Mustererkennung» zum Scheitern verurteilt war, ist es aufschlussreich, daran die faktischen Probleme einer Mustersuche im Gegenstandsbereich der Neurowissenschaft aufzuzeigen.

14 Siehe dazu Turhan Canli, Zenab Amin: «Neuroimaging of emotion and personality: Scientific evidence and ethical considerations», in: *Brain and Cognition,* 50, 2002, S. 414–431.
15 Zur Informationstheorie und der Einführung der Informations-Begrifflichkeit in die Naturwissenschaft siehe unter anderem: William Aspray: «The scientific conceptualization of information: a survey», in: *Annals of the History of Computing,* 7(2), 1985, S. 117–140.

Zu Beginn des 20. Jahrhunderts wurde in der wissenschaftlichen Literatur die elektrische Aktivität von Nervenzellen mit Begriffen wie *Nervenenergie* oder *action current* beschrieben. Für eine genauere Untersuchung dieser Aktivität fehlte es hingegen an geeigneten Messgeräten. Erst der Saitengalvanometer erlaubte es, neuronale Aktivität präziser zu messen und (mittels Fotoplatte) aufzuzeichnen. Die Verbreitung der Elektronenröhre ermöglichte dann den Bau von Verstärkern, welche die Auflösung zur Untersuchung des Phänomens deutlich verbesserten. In Kombination mit einem Oszilloskop gelang es zu Beginn der 1920er Jahre mehreren Forschergruppen, die «Nervenenergie» nun tatsächlich wie einen Impuls sichtbar werden zu lassen. Ein derart visualisiertes, klar umrissenes Ereignis erlaubte es, eine Verbindung zwischen dem Nervenimpuls und dessen Bedeutung wissenschaftlich anzugehen. Die hier entscheidende Figur war der britische Physiologe Edgar Adrian (1889–1977). In zahlreichen Experimenten maß er in den 1920er Jahren die elektrische Aktivität in sensorischen Nervenzellen des Frosches, um den Zusammenhang zwischen der Stärke des Stimulus und der dadurch erzeugten neuronalen Aktivität zu bestimmen.[16] Im Zusammenhang der messtechnischen Erfassung neuronaler Aktivität führte Adrian die Begriffe *message* und *information* ein.[17]

Ein Blick auf die Arbeitsweise von Adrian macht deutlich, dass die durch ihn geleistete Verknüpfung der gemessenen Sequenz von Impulsen mit Information keineswegs ein schlichter Akt der Beobachtung war. So musste Adrian sicherstellen, dass alle von ihm gemessenen Impulse zur selben Botschaft gehören. Die Platzierung der Elektrode war zu ungenau, um sicher zu sein, dass nur ein Nervenstrang gemessen wurde. Deshalb nahm Adrian an, dass einzelne Nervenzellen in regelmäßigen Abständen feuern – also ein klar erkennbares Muster zeigen – und man es demnach dann mit der Botschaft einer einzigen Nervenzelle zu tun habe, wenn ein regelmässiges Muster erkennbar sei. Solche theoretischen Vorannahmen zwecks Etablierung eines wissenschaftlichen Objekts sind nicht überraschend und verschwinden auch nicht mit der Perfektionierung der Messtechnik.

In diesen Arbeiten der 1920er und 1930er Jahre finden die Neurowissenschaften der 1940er Jahre Anknüpfungspunkte für ein nun informationstheoretisch begründetes Vokabular: Nervenzellen werden als Kanal und digitale (also

---

16 Eine Zusammenfassung seiner Arbeit lieferte er in: Edgar A. Adrian: *The Basis of Sensation,* London 1928.

17 Justin Garson: «The introduction of information into neurophysiology», in: *Philosophy of Science,* 70, 2003, S. 926–936.

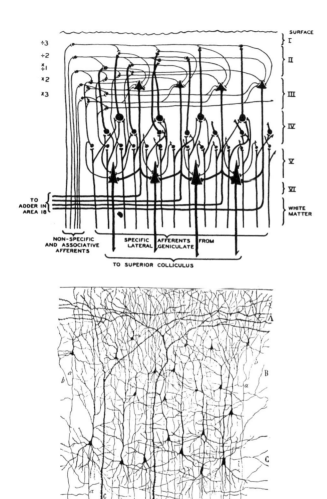

Abb. 2: In einer weiteren Phase dient das biologische Vorbild lediglich als (vage) Illustration einer an sich spekulativen Idee zur Funktionsweise des Gehirns. Das Muster neuronaler Verschaltung wird weit geordneter dargestellt, wie hier in einer berühmten Publikation von Walter Pitts und Warren McCulloch. Diese Darstellung ist typisch für den kybernetischen Blick auf das Gehirn, in welcher die Darstellungen des biologischen Gehirns weitgehend durch «schaltplanartige» Abbildungen verdrängt wurden, wie Michael Hagner ausführt («Bilder der Kybernetik: Diagramm und Anthropologie, Schaltung und Nervensystem», in: Michael Hagner, Der Geist bei der Arbeit, Göttingen 2006, S. 195–222).

klar unterscheidbare) Spikes als mögliche Bausteine eines Codes verstanden. Die Frage nach dem neuronalen Code stellte sich dabei – direkt oder indirekt – bei allen Anwendungen des informationstheoretischen Vokabulars auf das Nervensystem. Der Begriff *Code* tauchte erstmals im Umfeld der entstehenden Kybernetik auf. So hatte John von Neumann an der Macy-Konferenz von 1950 explizit diese Begrifflichkeit verwendet – allerdings mit einem skeptischen Unterton.[18] Auch andere Teilnehmer der damaligen Besprechung sprachen vom eher «obskuren Charakter» (Gregory Bateson) der Verwendung des Code-Begriffs im Zusammenhang mit dem Nervensystem.

Dennoch weckte dieses Thema in der folgenden Zeit sowohl das Interesse von Neurophysiologen als auch von Kybernetikern[19] [Abb. 2]. Dabei zeigte sich von Anfang an, dass der Begriff *Code* für unterschiedliche Formen neuronaler Informationsverarbeitung verwendet wurde. In den 1950er Jahren fanden sich vier Varianten für solche Codes[20], wobei zwei davon (die Vorschläge von Warren McCulloch[21] und Anatol Rapoport[22]) aus rein theoretischen Überlegungen erwuchsen. Weitere Varianten, die im Verlauf der 1960er Jahre dazukamen, wurden ebenfalls oft aufgrund theoretischer Überlegungen eingeführt. Als Beispiel sei der sogenannte *pattern code* genannt, auf den Rapoport auf einer Konferenz in Leiden 1962, auf der das Thema der neuronalen Informationsverarbeitung breit diskutiert wurde, hinwies: «This idea [a pattern code] is very attractive to those who would think of the operation of the nervous system in the language of digital computers, because a fixed temporal pattern, although in principle subject to a continuous deformation, has a strong resemblance to a digital code. It is in fact a

---

18  Heinz von Foerster, Margaret Mead, Hans L. Teuber (Hrsg.): *Cybernetics. Circular causal and feedback mechanisms in biological and social systems,* transactions of the seventh conference (march 23–24, 1950), New York. Neu aufgelegt in Claus Pias: *Cybernetics / Kybernetik. The Macy-Conferences 1946–1953,* Zürich, Berlin 2003.

19  Siehe dazu die ausführliche Diskussion in Christen, wie Anm. 9, Kapitel 3.

20  Genannt wurden der *labelled line code* (die Kodierung erfolgt, in dem Nervenimpulse in unterschiedlichen Nervenbahnen verlaufen), der *frequency code* (die Zahl der Impulse pro Zeitintervall kodiert die Reizstärke, das von Adrian vorgeschlagene Modell) sowie zwei Formen von *timing codes,* siehe die zwei folgenden Fußnoten.

21  P.D. Wall, J.Y. Lettvin, Warren McCulloch, Walter Pitts: «Factors limiting the maximum impulse transmitting ability of an afferent system of nerve fibres», in: C. Cherry (Hrsg.): *Information Theory,* London 1956, S. 329–344.

22  Anatol Rapoport, W. Horvath: «The theoretical channel capacity of a single neuron as determined by various coding systems», in: *Information and Control,* 3, 1960, S. 335–350.

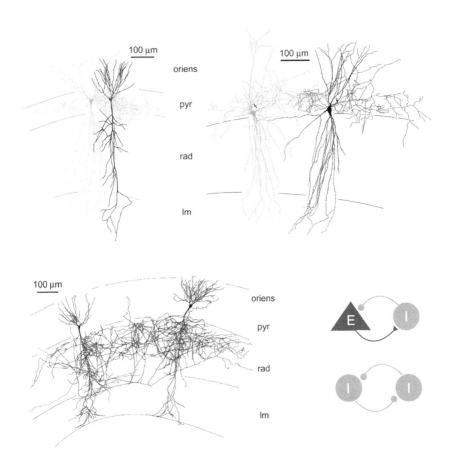

Abb. 3: Aktuelle Arbeiten zur Meso-Ebene neuronaler Strukturen und den damit verbundenen Theorien zu ihrer Funktion greifen auf die heutigen technologischen Möglichkeiten zurück, welche eine sehr detailgetreue Darstellung des biologischen Vorbilds erlauben. Doch in der Erklärung bzw. Darstellung der funktionalen Beziehung sind die entsprechenden Abbildungen oft noch einfacher als in der kybernetischen Phase und haben (wie hier im Bild) die Funktion, generalisierte Prinzipien der neuronalen Interaktion darzustellen. Komplexe Computermodellierungen und auch filmische Darstellungen (die z.B. die Dynamik der Entstehung von Verbindungen zeigen) dürften künftig als Art der Abbildung neuronaler Muster auf der Meso-Ebene an Bedeutung gewinnen, weil der Erklärungswert eines kybernetischen «Schaltplans» an Glaubwürdigkeit abgenommen hat.

generalization of the Morse code. It is also like a template of a key. The discovery of such patterns would immediately pose a challenging decoding problem.»[23]

Während dieser Zeit war die Informatisierung der Neurowissenschaft in vollem Gang und die Suche nach neuen Codes – wie die hier genannte Idee eines *pattern code,* wonach sich wiederholende, komplexe Muster von Impulsen quasi die Botschaft bilden – beschäftigte mehrere damals bekannte Neurowissenschaftler.[24] Die Suche nach einem neuronalen Code erreichte gegen Ende der 1960er Jahre ihren Höhepunkt, als sich 1968 die in diesem Feld aktivsten Forscher an einer *work session des Neurosciences Research Program* trafen.[25] Mit eher ironischem Unterton fragten die Herausgeber des Konferenzberichts zu Beginn: «Is the code of the brain about to be broken?»[26] – um gleich danach anzufügen, dass keiner der Teilnehmer mehr daran glaube, es gäbe so etwas wie einen klar umrissenen neuronalen Code, den man knacken könne. Die Publikation liest sich denn auch wie eine Kapitulation vor der biologischen Vielfalt. Die Begrifflichkeit des Codes hatte nicht die gewünschte vereinheitlichende Funktion und die Suche nach Mustern als Bestandteile eines solchen Codes erwies sich als fehlgeleitet [Abb. 3].

### Kann man Muster entdecken?

Diese kurze Geschichte der Suche nach einem neuronalen Code zeigt die Tücken der Mustersuche in einem komplexen System auf. Ein ungeeigneter Rahmen für *pattern recognition* lässt die Forscher gewissermaßen durch eine schiefe Brille auf das Problem blicken. In einem Forschungsfeld wie die Neurowissenschaft, in dem sich die Bezugssysteme, die Kategorisierung der musterbildenden Entitäten

23  Anatol Rapoport: «Information processing in the nervous system», in: R.W. Gerard, J.W. Duyff (Hrsg.): *Information processing in the nervous system,* Amsterdam, New York 1964, S. 16–23. Zitat: S. 21–22; «Diese Idee [eines *pattern code*] ist für diejenigen sehr reizvoll, die daran glauben wollen, dass das Nervensystem in der digitalen Sprache der Computer arbeitet, denn ein fixiertes zeitliches Muster, wenn auch prinzipiell Gegenstand kontinuierlicher Umgestaltung, hat viel Ähnlichkeit mit einem digitalen Code. Tatsächlich ist es eine Verallgemeinerung des Morse-Codes. Und es ist auch wie eine Schablone für eine Erklährung. Die Entdeckung solcher *patterns* würde sofort das schwierige Problem des Decodierens nach sich ziehen.» (Übersetzung: Thomas Menzel).

24  Zu nennen sind unter anderem Cornelius Wiersma, William Uttal, Theodore Bullock, P.D. Wall, J. Segundo.

25  Donald H. Perkel, Theodore H. Bullock: «Neural Coding», in: *Neuroscience Research Progress Bulletin,* 6(3), 1968, S. 221–348.

26  «Is the code of the brain about to be broken?», Ebenda, S. 225; «Wird der Code des Gehirns geknackt?» (Übersetzung: Thomas Menzel).

und die Hierarchie-Ebenen derart verschränken, sind solche Probleme durchaus zu erwarten. Die Frage ist nur: Sind sie unvermeidlich? Ist so etwas wie *pattern discovery* überhaupt möglich, ohne dass man sich zunächst überlegen muss, wonach man sucht?

Diese methodisch bedeutsame Frage verweist auf ein generelles Problem der Analyse von Daten komplexer Systeme und reicht über die Neurowissenschaft hinaus. Sie soll hier an einem Gedankengang etwas ausgeführt werden: Mustersuche kann zum einen bedeuten, von einem Prototypen der Anordnung unterschiedlicher Teile auszugehen und dann gleichsam zu zählen, wie oft dieser vorkommt. Zu lösen ist dann das Problem der Ähnlichkeit, das heißt die Frage, welcher Grad der Affinität einer real gefundenen Anordnung ausreicht, um dieses Vorkommnis dem Prototypen zuordnen zu können. Mustersuche erinnert hier im Wesentlichen an jenes Holzspielzeug für Kleinkinder, bei welchem diese Klötzchen unterschiedlicher Form durch eine Schablone drücken müssen. Es handelt sich um den genannten *Top-down-Ansatz*.

Man kann sich aber auch überlegen, nach welcher Gesetzmäßigkeit die Teile miteinander lokal interagieren könnten, und dann prüfen, welche Strukturen sich daraus ergeben. Der Prozess der Musterbildung wird demnach im Sinn eines Selbstorganisationsprozesses simuliert und man lässt sich davon überraschen, welche Muster sich ergeben. Neuere Ansätze in der Datenanalyse beruhen auf dieser Idee einer «unvoreingenommenen Klassifikation».[27] Diese Entwicklungen sind aber nicht nur methodisch interessant, sondern dürften den Prozessen, die unserer Fähigkeit zur Mustererkennung zu Grunde liegen, auch näher kommen.[28] Sie können ein Weg sein, unsere theoretischen Vor-Urteile teilweise zu umgehen – wenn auch nicht auszuschalten – und so *pattern discovery* zu ermöglichen. Denn gerade in der Neurowissenschaft sind theoretische Vorannahmen oft verführerisch und leiten die Forschung auf falsche Wege.

27  Z.B. Thomas Ott, Albert Kern, Willi-Hans Steeb, Ruedi Stoop: «Sequential Clustering: Tracking Down the Most Natural Clusters», in: *Journal of Statistical Mechanics: theory and experiment,* 2005, S. 11014.
28  Thomas Ott: *Self-organised Clustering as a Basis for Cognition and Machine Intelligence,* ETH-Dissertation, Nr. 17312, 2007.

Isabel Mundry

# REGELMÄSSIG UNREGELMÄSSIG – ZUR FLÜCHTIGKEIT VON MUSTERN IN DER ZEITGENÖSSISCHEN MUSIK

*Why Patterns?* fragt der Komponist Morton Feldman 1978 mit seiner gleichlautenden Komposition für Flöte, Klavier und Schlagzeug. Das Werk hätte diesen Titel kaum gebraucht, denn die mit ihm formulierte Frage erschließt sich beim Hören unmittelbar. In beharrlicher Kontinuität erzeugen die Instrumente musikalische Muster und stellen sie ebenso beharrlich immer wieder in Frage. Die Muster ergeben sich durch Skalen, Figuren oder Klangfolgen, die in ihren Gestalten als Einheiten erkennbar und in ihrer Wiederholung als ebensolche erinnerbar sind. Zwar werden die Klangmuster feinen Variationen, Umschichtungen, Abspaltungen oder Verwandlungen unterzogen, doch werden sie gerade dadurch auch immer wieder stabilisiert. Ihre Umrisse bleiben beständig, während die einzelnen Prägungen flüchtig sind. So werden sie zu den Trägern allen Verweilens und Schwindens dieser Musik, stets gefährdet in der jeweiligen Gestalt, doch in ihren Konturen gleichermaßen resistent.

Morton Feldman ließ sich von der Betrachtung orientalischer Teppiche inspirieren. Ihn faszinierte das Spiel von Elementen, die zu größeren Einheiten zusammengefügt und als solche in feinen Variationen wiederholt werden: Sind die Elemente der Teppiche durch Musterbildung einerseits formalisiert, so verleiht ihnen die handwerkliche Ausführung andererseits eine individuelle Prägung. Das Gleichmaß schärft den Sinn für das jeweils Besondere und führt es doch in das Schema zurück, von dem sich das nachfolgende Besondere erneut hervorheben kann. Auf diese Weise wird die Betrachtung des Teppichornaments zu einer Erfahrung vergehender Konturen im Fluss der Zeit. Sie wird gewissermaßen zu einer musikalischen Wahrnehmung ohne Klänge, einer Wahrnehmung, die wiederum dem Höreindruck der Musik von Feldman nahekommt [Abb. 1].

Morton Feldman stellte mit seinem Werk wieder die Frage nach der Bedeutung von Mustern. Zwei Jahrzehnte zuvor war dieses Thema in den einschlägigen Positionen zeitgenössischer Musik noch kategorisch abgelehnt worden. Weder die seriellen noch die aleatorischen Kompositionen der fünfziger Jahre zielten darauf, kleinere Einheiten zu größeren zusammenzufassen und diese zu wiederholen. Dadurch wären innermusikalische Hierarchien entstanden, doch das Anliegen der Musik zu jener Zeit war die maximale Entropie im Sinne einer die Gewichtungen aufhebenden Verteilung der Elemente. Die Gründe dafür sind im

Abb. 1: Morton Feldman, Ausschnitt aus: *Why patterns?*, Komposition für Flöte, Klavier und Schlagzeug, 1978.

musikhistorischen Prozess zu suchen: Schritt für Schritt hatte die Musik sich aus dem tonalen System gelöst, das selber als eine Musterbildung beschreibbar ist. Innerhalb der Reihe von zwölf Halbtonschritten bilden die Dur- und Molltonleitern je eine siebentönige Selektion von Ganz- und Halbtonschritten. Dadurch bekommt die Skala eine charakteristische Prägung. Durch das Kadenzschema dreier aufeinander folgender Akkorde, das alle skaleneigenen Töne zusammenfügt, wird die Tonart etabliert. Selbst wenn die Tonarten transponierbar sind und es im Ganzen vierundzwanzig Versionen von ihnen gibt, bleibt das Schema der beiden siebentönigen Skalen unhinterfragt stabil. Alle tonale Musik lässt sich auf diese beiden Typen zurückführen und alle musikalischen Imaginationen artikulierten sich in ihnen, selbst wenn es subjektive Klangsprachen gab. Die Tonalität der Musik Johann Sebastian Bachs ist anderes geformt als jene von Franz Schubert. Das lässt sich technisch beschreiben und begründen. Doch gerade der Spielraum an Differenzen bestätigt das System. Dennoch entwickelte sich ein Prozess der Erweiterung, der dieses System zunehmend von seinen Grenzen her auflöste: Die Kadenzklänge wurden durch Nebentöne und Umfärbungen erweitert, die Leittöne verselbständigten sich und die Modulationen zogen immer weitere Bahnen, sodass sie zunehmend ihr Zentrum verloren haben. So wurde aus der Kadenzharmonik schrittweise eine elliptische Harmonik. Arnold Schönberg zog die Konsequenzen aus dieser Entwicklung, indem er aus dem Zustand verschwundener Tonalität neue Regeln ableitete und die Zwölftontechnik entwickelte. Damit war die Hervorhebung einer Siebentonskala im Rahmen der zwölftönigen chromatischen Totale aufgehoben. Zwar ist die Zwölftontechnik eine Ordnung, aber kein Muster, da mit ihr immer das mögliche Ganze erfasst und ausgeschöpft wird. Die Komponisten der zweiten Wiener Schule (Schönberg, Berg und Webern) haben früh darauf reagiert, indem sie die Zwölftonreihen in symmetrische Sektionen unterteilt haben. So wurde die chromatische Totale zwar ausgeschöpft, doch in kleinere Einheiten zerlegt, die Stufungen zwischen der entropischen Vielfalt und der hervorgehobenen Konfiguration erzeugten. Dennoch ging die Musikgeschichte den Weg der Entgrenzung vorübergehend weiter. Der Serialismus übertrug das Prinzip der Reihenbildung auf alle weiteren Parameter, wie Lautstärke, Klangfarbe und so weiter. Die Grundregel war, erst dann etwas zu wiederholen, wenn alle Möglichkeiten ausgeschöpft sind. Es sollten Kosmen entstehen, ohne Gewichtungen und ohne Hierarchien. Vergleichbares hatten die aleatorischen Werke im Sinn, selbst wenn der Weg dahin nicht dem Kalkül, sondern dem Zufall verpflichtet war. Doch wie beim Blick in den Sternen-

Abb. 2: Isabel Mundry, Ausschnitt aus: *no one*, Komposition für Streichquartett, 1994/95, Breitkopf&Härtel, Wiesbaden, Leipzig, Paris, Kammermusik-Bibliothek 2456. © 1995 by Breitkopf&Härtel, Wiesbaden.

himmel erzeugt die Wahrnehmung selbst dort Muster, wo sie nicht beabsichtigt sind. Sie erzeugt Stufungen zwischen dem Konturierten und dem Losen oder verfängt sich in der Erinnerung an vertraute Klänge, lässt andere Töne unbeachtet vorbeiziehen. Hatte die kompositionstechnische Entwicklung die seriellen und aleatorischen Entropien aus guten Gründen hervorgebracht, so relativierte die Erfahrung des Hörens sie wieder.

*No one* betitelte ich meine Antwort auf die Eindrücke von Feldmans Musik: ein Streichquartett, das 1994/95 entstanden ist. Während Feldman die Distanz zu seinen Elementen wahrt und sie wie Fische hinter Glas vorbeiziehen lässt, wollte ich meinen Klanggestalten in unterschiedlichen Graden auf den Leib rücken. Diese Differenz hat Konsequenzen für den Ort der Musterbildung selbst. Feldman setzt seine Klanggestalten mit den Mustern gleich. Unaufgeregt folgt eine Tonfolge auf die nächste, immer Schwankungen unterliegend, aber niemals folgenreich aufeinander Einfluss nehmend. Mit meiner Musik hatte ich Gegenteiliges im Sinn. Ihre kleinste Einheit sollte nicht die Formel, sondern die Handschrift sein, Gesten subjektiven Ausdruckswillens, die sich gegenseitig relativieren, zuspitzen, ergänzen oder schwächen können [Abb. 2]. Um solche Wechselwirkungen zu ermöglichen und die Gesten nicht isoliert ins Leere laufen zu lassen, bedurfte es einer Ordnung auf einer anderen Ebene. So setzt die Musterbildung nicht beim Einzelnen, sondern bei der Kalkulierung von Möglichkeitsräumen an, deren kettenartiger Verlauf streng geplant, aber deren Inhalt nicht antizipierbar sein sollte. Zur Veranschaulichung solcher Prozesse wählte ich das Bild einer imaginären Reisegruppe: Alle Beteiligten würden zum gleichen Zeitpunkt eine Reise von A nach B beginnen, doch sowohl die Routen als auch die Zeiteinteilung blieben unbestimmt. So würden zwar alle den gleichen Fluss überqueren, doch auf verschiedenen Brücken und zu unterschiedlichen Zeiten. Eine Bergkette würde von der einen oder von der anderen Seite gestreift, ein Dorf flüchtig vorbeihuschen oder zu einem Ort des Verweilens werden. Um derartige Prozesse musikalisch zu gestalten, entwickelte ich die Komposition auf drei Ebenen: Die erste Ebene ist mit der sich wandelnden Landschaft vergleichbar. So konzipierte ich zunächst prozessual verlaufende Rahmenbedingungen: Die Musik wird sukzessive tiefer, ihr Tonumfang weiter, die Dynamik verhaltener und die Artikulation durchläuft verschiedene Felder charakteristischer Spielarten, wie zum Beispiel Tremoli oder Glissandi. Auf der zweiten Ebene organisierte ich die Zeiteinheiten der imaginären Reiserouten. Jede Route ist der Stimme eines der Instrumente vergleichbar, und bei jedem Instrument ist das Verweilen und Weiterziehen indivi-

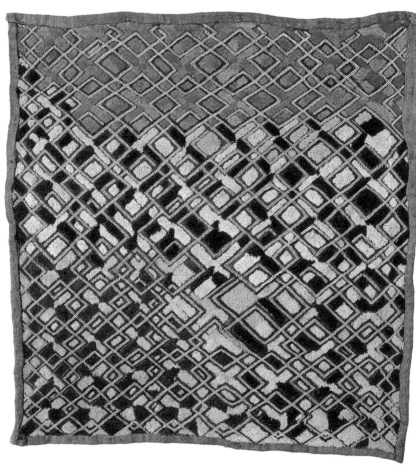

Abb. 3: Shoowa: *Stickerei und Samt*, 59 x 56,5 cm.

duell gestaltet. Aus diesem Grunde individualisierte ich die Taktierungen und verzichtete auf die übliche vertikale Organisation. Der Takt markiert in diesem Quartett je einen Ausschnitt innerhalb des melodischen Verlaufes einer Stimme. Er verhält sich wie eine Mikrokomposition zum Ganzen. Die Taktlängen schwanken und auch das Zusammenspiel der Instrumente erzeugt Unschärfen, die sich von Aufführung zu Aufführung unterschiedlich gestalten. Die dritte Ebene betrifft die melodischen Gestalten innerhalb der Takte. Hier finden sich Regelwerke, die alten Melodie- und Rhythmuslehren vergleichbar sind. So unterliegt zum Beispiel jedem Takt ein sukzessiv gespielter Akkord, dessen Töne in freier Folge gesetzt sind, aber jeweils mit dem höchsten beginnen und mit dem tiefsten enden. Auf diese Weise spiegelt sich die generelle Fallbewegung der ersten Minuten auf dieser Mikroebene wider. Im Rahmen der vorgegebenen Regeln ist diese Ebene von handschriftlichen Einzelentscheidungen geprägt. Gibt die erste Ebene die Landschaft vor und die zweite die Taktierung der Reise, so lässt sich die dritte als die Erlebnisebene beschreiben, die von Instrument zu Instrument und von Takt zu Takt unterschiedlich verläuft.

Auch für diese Komposition war der Eindruck von Stoffmustern prägend: Als ich den Mustern des afrikanischen Volkes der Bakuba zum ersten Mal begegnete, entzündeten sich bei mir unmittelbar musikalische Ideen. Im Gegensatz zu den Strukturen orientalischer Teppiche fallen bei diesen Stoffen die Wiederholungen von Konturen und großflächige Verwandlung ineinander. Die Mustereinheiten ergeben sich aus komplex verschachtelten Elementen, wie zum Beispiel Rautenformen, die sich aus einer Summe von Linien und kleinen Quadraten zusammensetzen. Während der Wiederholungen der Einheiten verändern sich deren Elemente nach und nach, sodass die Konturen sich wandeln, bis ein neues Muster den Eindruck bestimmt. Die Musterbildung ist hier der Träger von Veränderungen [Abb. 3 und 4].

Vergleichbare Prozesse schwebten mir beim Schreiben des Streichquartettes vor. Die konzeptionelle Festlegung der drei Ebenen – Klangverlauf, Zeiteinheit und Geste – ermöglichte es mir, eine Form der fließenden Verwandlung zu erzeugen, aus der das Einzelne je als besonders geformter Augenblick hervortreten konnte. Doch sie verhinderte, dass sich die drei Ebenen grundlegend durchkreuzen und zum Beispiel eine Geste die gesamte Form zum Kippen bringt oder die Landschaft zwischendurch gewissermaßen ohne Reisende bleibt. Das Verhältnis vom Regelmäßigen zum Unregelmäßigen hätte selbst problematisiert werden müssen, um an solche Erfahrungsmomente zu gelangen.

Abb. 4: Shoowa: *Stickerei und Samt*, 45 x 45 cm.

Feldman und ich sind nicht die Einzigen, die sich mit Mustern beschäftigt haben, dieses Interesse lag schon eine Zeit lang in der Luft. Nach den seriellen und aleatorischen Werken, die eine maximale Heterogenität produzierten, und einer anschließenden Periode des annähernden Verstummens angesichts überbordender ästhetischer Tabubildungen entwickelten sich diverse Ansätze in der neuen Musik, in denen es darum ging, neue Freiheitsgrade zu erschließen, ohne in traditionelle Klangsprachen zurückzufallen. Viele dieser Ansätze konzentrierten sich darauf, einzelne Ebenen zu formalisieren, um auf anderen Ebenen neue Ausdrucksformen zu entdecken. So entwickelte zum Beispiel die Spektralmusik eine neue Harmonik, die sich nach den physikalischen Gesetzen der Teiltöne organisiert. Der Ton bleibt hier kein isoliertes Gebilde, sondern wird je in ein Klangspektrum integriert, das ihn ergänzt und umgibt. So bringt er ein Muster hervor, zu dessen Element er einerseits selber wird und das gleichzeitig die gesamte Klanggestaltung generiert. Auf diese Weise entwickelt die Musik eine «Grundfarbe». Alle Besonderheiten und Kontrastbildungen werden von dieser Grundfarbe getragen und durch sie homogenisiert.

Demgegenüber konzentrieren sich fraktal organisierte Kompositionen auf Musterbildungen in der Zeitgestalt. Nach algorithmischen Regelwerken organisieren sie eine variable Logik des Nacheinanders von Klangereignissen, die sich wie Zellen fortpflanzen. Das kann zu wuchernden Prozessen führen und lässt sich doch, wie alle fraktalen Strukturen, auf konstant bleibende Schemata zurückführen. Da dieses Modell die Rekursivität einschließt, ergeben sich charakteristische Konstellationen, die immer wieder erklingen. Im Ganzen simuliert diese Musik zwar organische Prozesse, doch bleibt sie insofern abstrakt, als das einzelne Klangereignis auf die Funktion einer Zelle im Regelwerk der Zeit reduziert wird.

Feldmans Komposition *Why Patterns?*, die spektrale oder fraktale Musik sowie mein Streichquartett *no one* – in ihrer Unterschiedlichkeit verbindet all diese Positionen die Sehnsucht danach, auf der einen Ebene Muster zu generieren, um auf einer anderen Ebene Unvorhersehbares zu ermöglichen. Für dieses Anliegen nehmen sie kategorische Zuordnungen vor, die das Verhältnis vom Stabilen zum Instabilen von vornherein festlegen. Doch das festgelegte Unbestimmte erweist sich als ein Widerspruch. Solcherart in seine Grenzen verwiesen, droht es selber zu einem Muster zu erstarren.

Auf diese Beobachtung und Erfahrung reagierte ich vorübergehend mit einer maximalen Regellosigkeit, verstaute alle Skizzen im Schrank und begann Stücke zu schreiben, von denen ich lediglich eine atmosphärische Ahnung hatte.

Abb. 5: Isabel Mundry, Ausschnitt aus: *Ich und Du,* Komposition für Klavier und Orchester, 2008.

94

Doch auch diese Musik erzeugt Strukturen, sobald sie Gestalt annimmt. Sie fasst die Klänge in Tonhöhen und Akkorde ein und gibt der Zeit eine Form, aus der sich kleinere Einheiten herauskristallisieren. Unwillkürlich erzeugen diese Werke das, was sie vermeiden wollten, nämlich stabile Muster, selbst wenn diese hier nicht aus Kalkül, sondern aus einer Reihung unbewusster Vorlieben hervorgegangen sind.

Warum also Muster, wenn sie dort, wo sie Öffnungen ermöglichen sollen, verengen und sich selbst dort erzeugen, wo sie gar nicht gewollt sind? Angesichts der Unvermeidlichkeit von Mustern scheint die Frage falsch gestellt. Doch erhält sie einen anderen Sinn, wenn die Frage nach dem Warum zu einer Frage nach den Relationen der Muster wird, nach ihrem Ort und ihrer ästhetischen Bedeutung.

In der Komposition *Ich und Du,* die ich 2008 für Klavier und Orchester geschrieben habe, werden Mustererzeugungen und die Frage nach ihrem Sinn innermusikalisch immer wieder neu ausgelotet. Bei der Disposition eines Soloinstrumentes mit Orchester könnte man davon ausgehen, dass die Rollenzuschreibungen stabil sind, doch unterliegen sie hier steten Wandlungen. *Ich und Du* bedeuten insofern lediglich musikalische Prinzipien, losgelöst davon, ob sie von einem oder vielen Instrumenten repräsentiert werden. Und sie bedeuten das Gegenüber zweier Perspektiven. *Ich* ist der Ort zentrierter Wahrnehmung und *Du* der Ort der Projektion. Beide Prinzipien sind in dieser Komposition ständig in Bewegung. Sie handelt von Umschichtungen, Umdeutungen, Grenzziehungen, Übergriffen, Zuschreibungen, Selbst- oder Fremdbestimmungen. All diese Zustände artikulieren sich in der Zeit, verfestigen oder verflüssigen sich in ihr. Musterbildungen, ihre Wandlungen, Lösungen oder Umschichtungen sind deshalb in dieser Musik genuin zeitliche Phänomene [Abb. 5]. Das unterscheidet sie von den vorangegangenen Beispielen. Die Differenz ist in der architektonischen Konzeption des Werkes zu suchen. Der Begriff der Architektur lässt sich in der Musik auf das Verhältnis von großflächigen Dispositionen zu ihren Unterteilungen übertragen, die sich wie Räume zu einem Gebäude verhalten. Traditionellerweise wird er in der Form angesiedelt, in dem er das Verhältnis einer Großform zu ihren Teilen beschreibt. So besteht zum Beispiel die Architektur der klassischen Sonatenhauptsatzform in der Folge von Exposition, Durchführung, Reprise und Coda. Doch längst gibt es Formtypen, die anderen Gedankenmodellen verpflichtet sind. Jenseits der traditionellen Definition hat sich der Architekturbegriff in der Musik verflüchtigt oder individualisiert. In meinen Kompositionen spielt er insofern eine tragende Rolle, als ich ihn in der Relation zwischen einem Ort zentrierter Wahrnehmung und dem Raum, der ihn ermöglicht und umgibt, ansiedle. In dieser Weise metaphorisch gefasst, kann er auf vielfältigen Ebenen in der Musik angewandt werden. Er kann zum Beispiel das Verhältnis von einem Klangraum zu seinen inneren Konfigurationen beschreiben oder dasjenige von einem artikulierten Klangmoment zu seinen zeitlichen Peripherien. Und er kann immer in zwei Richtungen entwickelt werden: von der architektonischen Setzung in die Wahrnehmungsebene hinein oder umgekehrt. Die Wahrnehmung selbst würde ich als den Ort der sinnlichen Zentrierung musikalischer Imaginationen beschreiben. Sie ist eine strukturelle Erfahrung, die aus anderen strukturellen Dispositionen hervorgeht und ebensolche impliziert.

Im Quartett *no one* ist das Verhältnis zwischen der architektonischen Rahmengebung und der sinnlichen Einzelentscheidung vertikal gesetzt, indem die Takte das Muster bilden und deren Inhalt für das Unvorhersehbare zuständig ist. Dieses Verhältnis bleibt, trotz der organischen Form der Musik, durchgängig ein statisches, wodurch auch die Funktion der Muster statisch bleibt. Im Klavierkonzert *Ich und Du* intendierte ich demgegenüber ein Nacheinander von Musterbildungen und -auflösungen, in dem sich beide Positionen wechselseitig reflektieren und aufeinander Einfluss nehmen. Dadurch entsteht eine Konstellation wandelbarer Architekturen. Ein Beispiel dafür findet sich im Mittelteil der Musik: In mehreren Anläufen werden Klangerweiterungen des Klaviers vorgenommen. Diese gehen jeweils von einzelnen Klaviertönen aus, die sich zunächst ins Offene tasten, dann aber andere Instrumentalklänge nach sich ziehen. So erwachsen aus dem Klavier imaginäre Klaviere, die Strukturen erzeugen, die wiederum zu Mustern werden, indem sich einige ihrer Elemente variiert wiederholen. Doch sind diese Muster so angelegt, dass sie sich durch weitere Elemente anreichern können, wodurch sie ihre Konturen wieder zunehmend verlieren. Dadurch kippt die Musik ins Unüberschaubare, bis der Klavierklang erneut als solistisches Element hervorkommt, neue Figurationen, neue Muster, neue Transformationen und neue Auflösungen nach sich zieht.

Erst dort, wo Muster sich wandeln wie die Zeit, die sie umgibt, werden sie zum Ort der Erfahrung und nicht der Erstarrung: Das Verhältnis zwischen dem Stabilen und Instabilen kann sich immer wieder neu konstituieren und in Frage stellen.

## AUSGEWÄHLTE LITERATUR

Die vorliegende bibliografische Auswahl greift auf Literatur zurück, welche von den Autoren dieses Buches verwendet wurde. Darüber hinaus wurde sie unter Berücksichtigung ihrer für diesen Zusammenhang ersichtlichen Relevanz ergänzt. Die Literaturangaben sind chronologisch geordnet. In der zeitlichen Einordnung ist dort, wo es möglich war und sinnvoll erschien, das Datum der Erstausgabe bzw. Originalausgabe berücksichtigt worden.

—

Owen Jones: *The Grammar of Ornament, illustrated by examples form various styles of ornament, one hundred folio plates, drawn on stone by F. Bedeford,* London 1856. Deutsche Ausgabe: *Grammatik der Ornamente: illustriert mit Mustern von den verschiedenen Stylarten der Ornamente,* Nördlingen 1987.

—

Adolf Loos: *Ornament und Verbrechen,* 1908; siehe auch: *Ornament und Verbrechen: ausgewählte Schriften: die Originaltexte,* Wien 2000.

—

Louis Sullivan (Hrsg.): *A system of architectural ornament: according with a philosophy of man's powers,* New York 1924. Facsimileausgabe Park Forest/Ill. 1964.

—

Karl Bloßfeld: *Urformen der Kunst,* Berlin 1928.

—

László Moholy-Nagy: *von material zu architektur,* in: Bauhausbücher Band 14, München 1929.

—

Karl Bloßfeld: *Urformen der Kunst. Wundergarten der Natur, 1928–1932,* Berlin 1932.

—

Edward C. Tolman: «Cognitive Maps in Rats and Men», in: *Psychological Review,* 55(4), S. 189–208, 1948.

—

Heinz von Foerster, Margaret Mead, Hans L. Teuber (Hrsg.): *Cybernetics. Circular causal and feedback mechanisms in biological and social systems, transactions of the seventh conference,* New York 1950. Neu aufgelegt in Claus Pias: *Cybernetics/Kybernetik. The Macy-Conferences 1946–1953,* Zürich, Berlin 2003.

—
James J. Gibson: *The Perception of the Visual World,* Boston 1950. Ders.: *The Ecological Approach to Visual Perception,* Boston 1979.

—
P. D. Wall, J. Y. Lettvin, Warren McCulloch, Walter Pitts: «Factors limiting the maximum impulse transmitting ability of an afferent system of nerve fibres», in: E. C. Cherry (Hrsg.): *Information Theory,* London 1955, S. 329–344.

—
Noam Chomsky: *Syntactic Structures,* Mouton, Den Haag 1957.

—
Kevin Lynch: *The Image of the City,* Cambridge/Mass. 1960.

—
Herbert A. Simon: «The Architecture of Complexity», in: *Proceedings of the American Philosophical Society* 106(6), 1962, S. 467–482.

—
Serge Chermayeff und Christopher Alexander: Community and Privacy: Toward a New Architecture of Humanism, New York 1963. Deutsche Ausgabe: *Gemeinschaft und Privatbereich im neuen Bauen. Auf dem Weg zu einer humanen Architektur,* Mainz, Berlin 1975.

—
Friedrich August von Hayek: *The Theory of Complex Phenomena,* Tübingen 1972. Originalausgabe in: M. Bunge (Hrsg.): *The Critical Approach to Science and Philosophy,* New York 1964.

—
William A. Vetter: *Computer Graphics in Communication,* New York 1964.

—
Christopher Alexander: *Notes on the Synthesis of Form,* Cambridge 1964.

—
Christopher Alexander: «The Question of Computer in Design», in: *Landscape,* Bd. 14, Nr. 3, 1965, S. 6–8.

—
Christian Norberg-Schulz: «Architekturornament», in: Mark Buchmann (Hrsg.): *Ornament ohne Ornament,* Ausstellungskatalog in 5 Broschüren, Zürich 1965.

—

Max Bill: «Sinn ohne Sinn?», in: *Zürcher Woche,* Nr. 29, 16. Juli 1965, S. 13.

—

Christopher Alexander: «The Pattern of Streets», in: *Journal of the AIP,* Bd. 32, Nr. 5, September 1966, S. 273–278.

—

Christopher Alexander: «From a Set of Forces to a Form», in: György Kepes (Hrsg.): *The Man Made Object. Vision and Value Series,* Band 4, New York 1966, S. 96–107. Deutsche Ausgabe: «Einflussfaktoren und Objektgestaltung», in: György Kepes: *Der Mensch und seine Dinge,* Brüssel 1980, S. 96–108.

—

Christopher Alexander, Van Maren King, Sara Ishakawa, Michael Baker, Patrick Hyslop: «Relational Complexes in Architecture», in: *Architectural Record,* September 1966, S. 185–189.

—

Theodor W. Adorno: «Funktionalismus heute», Vortrag auf der Tagung des Deutschen Werkbundes, Berlin, 23. Oktober 1965; publiziert in: *Neue Rundschau,* 77. Jahrgang, 4. Heft, 1966.

—

Marshall McLuhan: *The Medium is the Massage. An Inventory of Effects,* New York 1967.

—

Donald H. Perkel, Theodore H. Bullock: «Neural Coding», in: *Neuroscience Research Progress Bulletin* 6(3), 1968, S. 221–348.

—

Heide Berndt, Alfred Lorenzer, Klaus Horn: *Architektur als Ideologie,* Frankfurt 1968.

—

Christoph Feldtkeller, Dietrich Keil: «Alle mal pattern! Oder Zur Idiotiekritik. Anmerkungen zu Christopher Alexanders ‹Major Changes in environmental form required by social and psychological demands›», *Arch+,* Nr. 8, Oktober 1969, S. 29–35.

—

*Architectural Psychology: Proceedings of the conference held at Dalandhui, 28 February – 2 March 1969,* hrsg. von V. D.V. Canter, London 1970.

—

Hans Heinz Holz: «Die Repristination des Ornaments», in: *Vom Kunstwerk zur Ware*, Neuwied, Berlin 1972.

—

Christopher Alexander, Sara Ishikawa, Murray Silverstein, mit Max Jacobson et. al.: *A Pattern Language. Towns, Buildings, Construction*, New York 1977. Deutsche Ausgabe: *Eine Musterspra-che. Städte, Gebäude, Konstruktion*, hrsg. und mit einem Nachwort von Hermann Czech, Wien 1995.

—

Hans-Georg Gadamer: *Die Aktualität des Schönen*, Stuttgart 1977.

—

Michael Müller: *Die Verdrängung des Ornaments. Zum Verhältnis von Architektur und Lebens-praxis*, Frankfurt/M. 1977.

—

Ernst H. Gombrich: *The sense of order: a study in the psychology of decorative art*, Oxford 1979, The Wrightsman lecture, Band 9. Deutsche Ausgabe: *Ornament und Kunst. Schmuckbetrieb und Ordnungssinn in der Psychologie des dekorativen Schaffens*, Stuttgart 1982, S. 10.

—

Lucius Burckhardt: «Design ist unsichtbar», in: *Design ist unsichtbar*, hrsg. von Helmuth Gsöll-lintner, Angela Hareiter, Laurids Ordner, Wien 1980, S. 13–21.

—

Eric R. Kandel, James H. Schwartz, Thomas M. Jessell: *Principles of Neural Science*, New York [4]1981 (New York 2000).

—

Gerald Weisman: «Evaluating architectural legibility: Way-finding in the built environment», in: *Environment and Behavior*, 13(2)/1981, S. 189–204.

—

Christopher Alexander: «Kunst und Design für das 21. Jahrhundert», in: *Design ist unsichtbar*, hrsg. von Helmuth Gsöllintner, Angela Hareiter, Laurids Ordner, Wien 1981, S. 101–115.

—

«Contrasting Concepts of Harmony in Architecture», in: *Lotus International*, Nr. 40, 1983, S. 60–68 (deutsche Übersetzung in: *Arch+*, Nr. 73, März 1984, S. 70–73).

—

Stephen Grabow: *Christopher Alexander. The search for a new paradigm in architecture,* Boston 1983, S. 55.

—

Romedi Passini: *Wayfinding in Architecture,* New York 1984.

—

William Aspray: «The scientific conceptualization of information: a survey», in: *Annals of the History of Computing* 7(2), 1985, S. 117–140.

—

Kent Beck, Ward Cunningham: *Using Pattern Languages for Object-Oriented Programs,* Technical Report No. CR-87-43, September 1987.

—

Sybille Krämer: *Symbolische Maschinen. Die Idee der Formalisierung in geschichtlichem Abriss,* Darmstadt 1988.

—

Donald A. Norman: *The Psychology of Everyday Things,* New York 1988.

—

Klaus Lepsky: *Ernst H. Gombrich, Theorie und Methode,* mit einem Vorwort von Ernst H. Gombrich, Wien, Köln 1991, S. 86.

—

Barbara Tversky: «Distortions in cognitive maps», in: *Geoforum* 23/1992, S. 131–138.

—

Mark D. Gross, Craig Zimring: «Predicting wayfinding behavior in buildings. A schema-based approach», in: Yehuda E. Kalay (Hrsg.): *Evaluating and predicting design performance,* New York 1992, S. 367–378.

—

Patricia S. Churchland, Terrence J. Sejnowski: *The Computational Brain,* Cambridge/Mass 1992.

—

Erich Gamma, Richard Helm, Ralph Johnson, John Vlissides: *Design Patterns – Elements of Reusable Object-Oriented Software,* Amsterdam 1994.

—

Romedi Passini: «Wayfinding design: Logic, application and some thoughts on universality», in: *Design Studies,* 17, (3), 1996, S. 319–331.

—

Karl Bloßfeld: *Alphabet der Pflanzen,* mit einem Text von Gert Mattenklott, hrsg. von Ann und Jürgen Wilde, München 1997 (2007).

—

Holger Kantz, Thomas Schreiber: *Nonlinear Time Series Analysis,* Cambridge 1997.

—

Gary W. Evans, Janetta und Mitchell McCoy: «When buildings don't work: The role of architecture in human health», in: *Journal of Environmental Psychology,* 18, 1998, S. 85–94.

—

Werner Ebeling, Jan Freund, Frank Schweitzer: *Komplexe Strukturen: Entropie und Information,* Stuttgart, Leipzig 1998.

—

Gérard Raulet und Burghart Schmidt (Hrsg.): *Vom Parergon zum Labyrinth. Untersuchungen zur kritischen Theorie des Ornaments,* Wien 2001.

—

Cosma R. Shalizi, Jim Crutchfield: «Computational mechanics: Pattern and Prediction, Structure and Simplicity», in: *Journal of Statistical Physics* 104(3/4), 2001, S. 817–879.

—

William R. Uttal: *The new phrenology. The limits of localizing cognitive processes in the brain,* Cambridge 2001.

—

Kari Jormakka (Hrsg.): *Diagramme, Algorithmen, Typen,* Reihe *UmBau,* Nr. 19, Wien 2002.

—

Jochen H. Gleiter: *Rückkehr des Verdrängten. Zur kritischen Theorie des Ornaments in der architektonischen Moderne,* Weimar 2002.

—

Sonderheft von *Environment & Behavior,* hrsg. von Ruth Conroy Dalton, Craig Zimring, 2003.

—

«Manifest der Hirnforscher», in: *Gehirn und Geist,* Ausgabe 06/2004, S. 30–37.

—

Rodney J. Douglas, Kevan A.C. Martin: «Neuronal circuits of the neocortex», in: *Annual Review of Neuroscience* 27, 2004, S. 419–451.

—

Petra Schmidt, Annette Tietenberg, Ralf Wollheim (Hrsg.): *Patterns. Muster in Design, Kunst und Architektur,* Basel, Boston, Berlin 2005.

—

Lutz Jäncke: *Methoden der Bildgebung in der Psychologie und den kognitiven Neurowissenschaften,* Stuttgart 2005.

—

Barbara Glasner, Petra Schmidt, Ursula Schöndeling (Hrsg.): *Patterns 2. Muster in Design, Kunst und Architektur,* Basel, Boston, Berlin 2008.

—

*Entwurfsmuster. Raster, Typus, Pattern, Script, Algorithmus, Ornament,* in: *Arch+,* Nr. 189, Oktober 2008.

—

Oliver Domeisen, Francesca Ferguson (Hrsg.): *Ornament neu aufgelegt/Resampling Ornament,* Ausstellungskatalog des Schweizer Architekturmuseum (SAM), Basel 2008.

—

Jörg H. Gleiter: «Von Loos bis Eisenman, Kritische Theorie des Ornaments», in: Ders.: *Architekturtheorie heute,* Bielefeld 2008.

—

Jörg H. Gleiter: «Kritische Theorie des Ornaments», in: Ders.: *Architekturtheorie heute,* Bielefeld 2008, S. 75–93.

—

Markus Christen: «Die Entstehung der Hirn-Computer-Analogie. Tücken und Fallstricke bei der Technisierung des Gehirns», erscheint in: *Wenn Gehirn und Computer verschmelzen,* Tagungsband der Evangelischen Akademie Iserlohn (7.–9.12.2007).

# ABBILDUNGSNACHWEIS

**Vrachliotis**

**Abb. 1** Quelle: Stephen Gabrow: *Christopher Alexander. The Search for a new paradigm in architecture,* Boston 1983, S. 290. © Christopher Alexander.

**Abb. 2** Quelle: «Eine Pattern Language», in: *Arch+,* Nr. 73, März 1984, S. 67.

**Abb. 3** Quelle: «Eine Pattern Language», in: *Arch+,* Nr. 73, März 1984, S. 66.

**Abb. 4** Quelle: Christopher Alexander: *A Foreshadowing of 21st century art. The color and geometry of very early Turkish carpets,* New York, Oxford 1993, S. 185 und 187.

**Scheurer**

**Abb. 1** © Gamma 1994, S. 12.

**Abb. 2** © Grafische Darstellung von Stefan Tietke für *Arch+.*

**Abb. 3** © Grafische Darstellung von Stefan Tietke für *Arch+.*

**Abb. 4** © Thomas Mayer, thomasmeyerarchive.de.

**Abb. 5** © designtoproduction, Professur für CAAD/ETH Zürich.

**Hölscher**

**Abb. 1** Edward C. Tolman: «Cognitive Maps in Rats and Men», in: *Psychological Review,* 55(4), 1948.

**Abb. 2** © Saif Haq.

**Abb. 3** © Space Syntax Ltd.

**Abb. 6** © Alasdair Turner.

**Christen**

**Abb. 1** Quelle: «The Croonian Lecture: La Fine Structure des Centres Nerveux», in: *Proceedings of the Royal Society of London,* 55, 1894, S. 444–468.

**Abb. 2** Quelle: «How we know universals: the perception of auditory and visual forms», in: *Bulletin of Mathematical Biophysics,* 9, 1947, S. 127–147; die Bilder erschienen in der Originalpublikation übereinander.

**Abb. 3** Quelle: Edward O. Mann, Catrin A. Radcliffe, Ole Paulsen: «Hippocampal gamma-frequency oscillations: from interneurones to pyramidal cells, and back», in: *Journal of Physiology,* 562.1, 2005, S. 55–63.

**Mundry**

**Abb. 1**  © Copyright 1978 by Universal Edition (London) Ltd., London/UE 16263.

**Abb. 2**  © 1995 by Breitkopf & Härtel, Wiesbaden.

**Abb. 3**  Quelle: Haus der Kulturen der Welt (Hrsg.): *Traumzeichen, Raphiagewerbe des König-reichs Bakuba,* mit einem Text von Georges Meurant und einer Einführung von Angelika Tunis, München 1989, Abb. 50.

**Abb. 4**  Quelle: Haus der Kulturen der Welt (Hrsg.): *Traumzeichen, Raphiagewerbe des König-reichs Bakuba,* mit einem Text von Georges Meurant und einer Einführung von Angelika Tunis, München 1989, Abb. 54.

## BIOGRAFIEN DER AUTORINNEN UND AUTOREN

—

### Markus Christen

Dr. sc. ETH, arbeitet am Graduiertenprogramm für Interdisziplinäre Ethikforschung der Universität Zürich an einem Projekt über *moral agency*. Seine Interessen umfassen methodische Fragen der Neurowissenschaft, Autonomie und Komplexität in sozialen Systemen und Neuroethik. Daneben arbeitet er als Wissenschaftsjournalist und -publizist. Studium der Philosophie, Physik, Mathematik und Biologie an der Universität Bern und Promotion in Neuro-informatik an der ETH Zürich.

—

### Andrea Gleiniger

Dr. phil., Kunst- und Architekturhistorikerin. Seit 2007 Dozentin Zürcher Hochschule der Künste, Schwerpunkt Geschichte und Theorie des Raumes/Szenografie. Studium der Kunstgeschichte, vergl. Literaturwissenschaft und Archäologie in Bonn und Marburg; 1988 Promotion im Fach Kunstgeschichte mit einer Arbeit über städtebauliche Leitbilder in Großsiedlungen der Nachkriegszeit, 1983–93 Kuratorin am Deutschen Architektur Museum in Frankfurt/Main; seit 1983 Lehraufträge und Gastprofessuren an Hochschulen in Karlsruhe, Stuttgart und Zürich. 2002–07 Lehre und Forschung an der ETH Zürich/Professur für CAAD. Publizistische Tätigkeit vor allem im Bereich Architektur, Städtebau, Kunst und neue Medien im 20. und 21. Jahrhundert.

—

### Christoph Hölscher

Wissenschaftlicher Assistent am Institut für Informatik und Gesellschaft, Abteilung Kognitionswissenschaft, der Universität Freiburg. Nach einer Promotion in Psychologie von 2000 bis 2003 zunächst Berater und Projektleiter in verschiedenen Stationen in der Software-Branche mit Schwerpunkt Benutzermodellierung und Usability. Seit seiner Rückkehr an die Hochschule Fokussierung auf interdisziplinäres Arbeiten zwischen Kognitionswissenschaft, Umweltpsychologie und Architektur.

Grundlagenforschung zu Navigation und Orientierung von Menschen in Gebäuden, aber auch zu kognitiven Prozessen von Architekten im Prozess des Gestaltens selbst. Mitglied im Vorstand des Sonderforschungsbereichs Transregio SFB/TR8 Spatial Cognition der Universitäten Freiburg und Bremen, Principal Investigator der Projekte ArchWay und SpaceGuide und seit 2006 Honorary Senior Research Fellow an der Bartlett School of Architecture des University College London.

—

**Isabel Mundry**

1963 geboren, Komponistin. 1996–2005 lehrt sie Musiktheorie und Komposition in Frankfurt am Main; seit 2004 Professorin für Komposition an der Zürcher Hochschule der Künste. Ferienkurse unter anderem in Darmstadt, Madrid, Akiyoshidai (Japan) und Tong Yong (Korea); Gastdozentin an den Musikhochschulen von Kopenhagen, Tiblissi, Alcalá de Henares etc. 2002/2003 Fellow am Wissenschaftskolleg Berlin. Neuere Werke: *Nocturno* (Uraufführung mit dem Chicago Symphony Orchestra, Leitung Daniel Barenboim, Chicago 2006), *Falten und Fallen* (Uraufführung mit dem Arditti Quartet und Andreas Staier, Salzburg 2007), *Ein Atemzug – die Odyssee* (Uraufführung Deutsche Oper Berlin, Leitung Peter Rudel, 2005). 2006 Kritikerpreis «Uraufführung des Jahres» für *Ein Atemzug – die Odyssee*. Ihre Kompositionen sind bei Breitkopf & Härtel verlegt. Mitglied der Akademien der Künste in Berlin und München.

—

**Fabian Scheurer**

Informatiker. Mitgründer (2006) und Geschäftsführer von designtoproduction, einem Beratungsunternehmen für die digitale Planung und Fabrikation komplexer Architektur mit Büros in Zürich und Stuttgart. Studium der Informatik und Architektur an der TU München, danach Software-Entwickler (u.a. beim CAD-Anbieter Nemetschek) und wissenschaftlicher Mitarbeiter an den CAAD-Lehrstühlen der TU München und der ETH Zürich. Beschäftigte sich mit der Anwendung von *Artificial-Life-Methoden* in der Baukonstruktion, bevor er sich auf parametrische Modelle für Entwurfs- und Fabrikationsplanung spezialisierte.

—

**Georg Vrachliotis**

Seit 2004 Wissenschaftlicher Mitarbeiter für Architektur- und Techniktheorie an der Professur Hovestadt für Computer-Aided Architectural Design (CAAD) des Departementes Architektur der ETH Zürich. Studium der Architektur, Studien in Philosophie und Wissenschaftsgeschichte in Berlin und Zürich. Forschungsaufenthalte an der Universität Bremen, der Universität Freiburg und der University of California at Berkeley. Aktuelle Forschungsschwerpunkte: Architektur und technisches Denken in der Epoche der Kybernetik sowie Denken in Systemen: Zur Philosophie der Konstruktion bei Fritz Haller. Seit 2006 Lehrauftrag für Architekturtheorie am Institut für Architekturtheorie der Technischen Universität Wien.

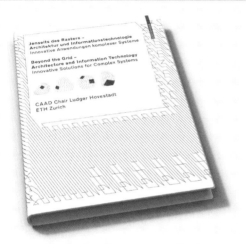

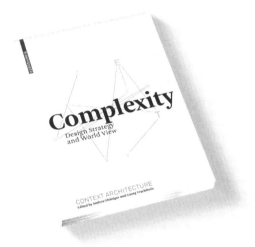